VEGANISMO DESCOMPLICADO

Luísa Motta, do canal
LARICA VEGANA

VEGANISMO DESCOMPLICADO

Manual para um modo de viver sustentável, barato e saudável

Fotografias:
Laura Dicker

Copyright © Luísa Motta, 2022
Copyright © Editora Planeta do Brasil, 2022
Todos os direitos reservados.

PREPARAÇÃO: Jean Xavier
REVISÃO: Aline Araújo e Fernanda Guerriero Antunes
PROJETO GRÁFICO: Anna Yue
DIAGRAMAÇÃO: Anna Yue e Francisco Lavorini
FOTOGRAFIAS DE MIOLO: Laura Dicker
CAPA: Estúdio Passeio

DADOS INTERNACIONAIS DE CATALOGAÇÃO NA PUBLICAÇÃO (CIP)
ANGÉLICA ILACQUA CRB-8/7057

Motta, Luísa
  Veganismo descomplicado: manual para um modo de viver sustentável, barato e saudável / Luísa Motta; fotografias de Laura Dicker. - São Paulo: Planeta do Brasil, 2022.
  176 p.: il. e col.

Bibliografia
ISBN 978-65-5535-733-2

1. Veganismo I. Título II. Dicker, Laura

CDD 613.2622

22-1636

Índice para catálogo sistemático:
1. Veganismo

 Ao escolher este livro, você está apoiando o manejo responsável das florestas do mundo.

2022
Todos os direitos desta edição reservados à
EDITORA PLANETA DO BRASIL LTDA.
Rua Bela Cintra 986, 4º andar – Consolação
São Paulo – SP CEP 01415-002
www.planetadelivros.com.br
faleconosco@editoraplaneta.com.br

SUMÁRIO

Introdução   7

O VEGANISMO NA TEORIA

1   Ser vegano é possível?   11
2   Não é tão simples quanto parece   17
3   Os impactos do nosso prato   29
4   A jornada não é linear   43
5   Além da alimentação   53
6   Equilíbrio entre corpo, alma e mente   59

QUERO SER VEGANO, E AGORA?

7   A refeição perfeita   67
8   A lista de mercado de um vegano (alimentação, cuidado com a casa, cuidado pessoal)   73
9   Dicas para uma cozinha prática   83
10   Receitinhas práticas   89
11   Agora que sou vegano, jogo tudo fora?   151
12   Família, romance e amigos   155
13   Meu último conselho   163

REFERÊNCIAS, INSPIRAÇÕES E CONTEÚDO CONFIÁVEL   167

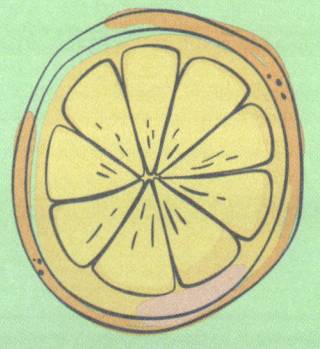

INTRODUÇÃO

Fique tranquilo, este livro não tem imagens chocantes sobre a exploração animal, eu prometo. Não que eu julgue essa tática, ela é eficaz. Só não é muito minha praia. Eu vivo muito mais a transformação por meio de exemplo e do conhecimento do que pelo embate. Vou te mostrar um pouco da teoria, da história e do alicerce político do veganismo, mas sou uma pessoa muito prática, então focarei muito mais em como o veganismo vai se materializar na sua vida.

Quando me tornei vegana, escutei: "Uma pessoa sozinha não vai fazer diferença alguma". Depois de quatro anos nessa caminhada, olhei em volta e vi meu pai, minha mãe, meu irmão, muitos amigos e milhares de pessoas dizendo que eu fui a inspiração para elas pararem de comer carne. Talvez o impacto de apenas um indivíduo seja pequeno mesmo, mas nós não andamos sozinhos, e, no final, podemos, sim, transformar um pouco do mundo em que vivemos.

Espero que goste dessa mistureba que fiz neste livro (está parecendo até meus pratos lariquentos). Tem um pouco da minha história, dos acertos e tropeços dessa minha caminhada, e também um pouco da história do movimento, receitas simples e práticas, lista de compras, perfis para seguir e muito mais. Tudo isso para segurar na sua mão, para você não cair quando tropeçar. Quero ser aquela amiga vegana que eu não tive, que vai te ajudar a entender e a viver o veganismo. Porque, afinal, não é tão complicado.

O VEGANISMO NA TEORIA

Nesta primeira parte, vou dividir fatos e contar histórias pessoais para que você possa saber um pouco mais sobre sustentabilidade, política e até fofocas da minha vida. Uma confusão, eu sei! As dicas, listas, receitas e inspirações virão na segunda parte, porque, para viver o veganismo, você tem que primeiro entender a teoria. É claro que, no dia a dia, não há separação entre uma coisa e outra, mas, no livro, vamos separar o joio do trigo. Afinal, eu sou capricorniana e gosto de tudo organizado.

SER VEGANO É POSSÍVEL?

Acho engraçado como algumas situações se repetem com frequência na vida. Incontáveis vezes me vi no seguinte diálogo:

"Querida, gostaria de comer isso aqui?"
"Não, obrigada! Sou vegana."
"Nossa! Euzinha nunca conseguiria ser vegana. Não vivo sem churrasco, queijo e comida japonesa!"

O mais engraçado é que eu já fui essa pessoa que acha o veganismo impossível. Como explicar o que me fez perceber que eu poderia me tornar vegana? A real é que nem eu acreditava muito nessa possibilidade quando tomei a decisão. Lembro que, no começo, dizia a mim mesma: "Ok, vamos ver até quando isso vai durar".

Acontece que durou. Eu tinha 18 anos e havia acabado de me mudar para São Paulo, vinda do interior, para fazer faculdade. O canal Larica Vegana fez três anos em 2021, e, se analisarmos bem, quando ele começou, eu tinha praticamente acabado de me tornar vegana, mas algo dentro de mim assumiu esse compromisso mesmo assim. Era como se eu soubesse que naquele espaço ia me encontrar. Acabei descobrindo o meu amor pela cozinha, pelo meu trabalho, e também a minha missão de vida. Algo que começou com "hmmm, acho que vou virar vegana" e se transformou em meio milhão de seguidores nas minhas redes sociais que gostaram de me ouvir falar sobre veganismo.

Alguns têm histórias mágicas sobre como uma chavinha virou. Já ouvi relatos desde "eu senti uma coisinha" até "recebi um chamado". O fato é que algo dentro da gente muda, e só você sabe o que é. A minha "coisinha" foi uma espécie de descoberta: tomei conhecimento do que realmente estava acontecendo com os animais, as pessoas e o planeta.

O mais estranho é que, nessa época, eu só enxergava a pontinha do iceberg. Era como se eu soubesse que o buraco era muito mais embaixo, só que ainda não tinha tomado coragem de começar a cavar.

Para virar vegana, não precisei assistir a documentários chocantes, pesquisar muito – só aconteceu. Caí de paraquedas e dei alguns tropeços no começo, mas sigo nessa jornada. Neste livro, eu vou pegar na sua mão e te mostrar o caminho, e também vou te ensinar coisas que aprendi com o veganismo, a internet e esta existência.

A resposta à pergunta "ser vegana é possível?" não é fácil, porque ela depende de recortes sociais. Num país em que uma grande parte da população sofre com a fome e a falta de atendimento médico de qualidade, o veganismo não é sempre viável. Então, afirmar algo do gênero é de bom tom? Não! No mínimo, é sem noção. Por isso, eu te diria que só é possível para quem tem independência financeira e acesso à informação, segurança alimentar e saúde.

O problema é que continuo achando que a palavra possível não é a ideal, pois ela não abrange a *delícia* que é ter um modo de viver vegano, por isso prefiro dizer que, mais que possível, ser vegana é gostoso demais.

Aos poucos, você vai percebendo que homus (pastinha de grão-de-bico) é mais gostoso que requeijão. Quando percebe, os "acompanhamentos" do churrasco são mais atrativos que a carne em si. Perde o sentido pagar mais caro por uma bolsa que é feita de pele animal. Tudo isso vai rolando, e pá! Uma hora te conhecem como Larica Vegana. Tá, essa é a minha história, mas pode ser a sua também.

O que me fez nunca ter desistido do veganismo é que sempre estou atrás de entendê-lo mais, e, ao longo desses anos, não apenas aprendi bastante coisa, como também percebi que ser vegana se torna intuitivo depois que se adquire conhecimento.

Nestas páginas, eu te ensino o melhor dos dois mundos: um pouco de teoria e um pouco de prática. Beleza, na verdade, é mais prática. Mas não se engane, prometo que vou falar também sobre a parte teórica. Vou te mostrar as inúmeras facetas do veganismo: a política, a emocional e a mágica (essa aí não tenho certeza se vou conseguir – *rs*). Acho tão importante focar como o veganismo se materializa no nosso dia a dia (claramente capricorniana, socorro) porque foi quando eu comecei a cozinhar à base de plantas que percebi que era possível ser vegana.

Mas, a título de honestidade, vou te falar aqui, na lata mesmo, quais são os pontos positivos e negativos em adotar o modo de viver vegano.

PONTOS POSITIVOS

- Durmo tranquila sabendo que não contribuí para a morte de nenhum animal.
- Meu intestino funciona lindamente.
- Ganhei muito mais consciência social e política.
- Encontrei minha vocação.
- Aprendi a cozinhar por livre e espontânea obrigação.

PONTOS NEGATIVOS

- Sou obrigada a ouvir muita besteira (para não falar outra coisa) todos os dias.
- Uma maior consciência fez com que eu enxergasse a realidade com mais tristeza.
- Os rolês e os restaurantes não parecem feitos para mim.

Você não achou que eu ia chegar aqui e pintar um mundo colorido, sem defeitos, né? Mas se acalme: vou te mostrar a solução para as coisas ruins, e nada disso inclui fotos chocantes (que você não encontrará aqui). Antes disso, vamos voltar para o começo.

NÃO É TÃO SIMPLES QUANTO PARECE

Antes de mostrar que o veganismo pode ser descomplicado, prático e prazeroso, não podemos nos esquecer de que ele é um movimento político. E se um grupo de pessoas precisa se movimentar, é porque alguma coisa está errada. Por isso, antes de mostrar como ter um modo de viver vegano, vou te mostrar, em primeiro lugar, o porquê de me tornar vegana.

Queria eu ter conhecimentos profundos sobre a parte teórica, mas, como em tudo na minha vida, sempre foquei na prática. Inclusive, quando me tornei vegana, nem sabia direito o motivo, mas fui fazendo. Eu sempre fui uma boa executora, sempre gostei de cumprir tarefas, e quanto mais trabalhosas, maior era a satisfação no final. Tem outra coisa em que eu me saio bem desde pequena: argumentar, bater boca, discutir ou provar meu ponto de vista. Você decide a forma que prefere chamar, mas a verdade é que eu sempre fui bocuda.

Foi por isso que eu decidi fazer este capítulo em formato de debate (mentira, claramente é um monólogo – *rs*). Eu escolhi alguns dos preconceitos mais comuns quando se trata da maneira como a nossa sociedade enxerga o movimento, e vou rebatê-los. Mostrando o que o veganismo *não é*, fica mais fácil entender o que ele *é* de verdade.

O VEGANISMO NÃO É UMA DIETA
(não caia para trás!)

Confundir veganismo com uma dieta *fitness* – a mão até treme escrevendo esse termo – é um dos erros mais comuns. Eu já li tudo o que você pode imaginar nos comentários dos meus vídeos. Como eu faço frituras, imitações de carnes, sobremesas, além das comidas vistas como saudáveis, as pessoas estranham eu associá-las ao veganismo.

Uma vez, alguém postou o seguinte comentário: "Isso foi frito em óleo, pode ser tudo, só não *vegano*". A verdade é que essa pessoa estava certa, sabe por quê? Um alimento ou uma dieta nunca é vegano por si só. Aqui no Brasil, o termo vegano se popularizou como sinônimo de vegetariano estrito, alimentação sem produtos de origem animal, enquanto o termo *vegetariano* foi associado ao ovolactovegetariano, que ainda come ovo e leite. Por isso, dizemos que uma comida é vegana quando queremos dizer que é uma comida livre de carnes ou derivados de origem animal, mas não só. Há pessoas com uma dieta vegetariana estrita que não se denominam veganas, porque não necessariamente aplicam a lógica de diminuir ao máximo possível a exploração animal em outros âmbitos, como limpeza da casa, escolhas políticas, cuidado pessoal, vestimentas ou entretenimento. Isso posto, vamos chamar aqui das duas formas.

O problema do comentário é a intenção do @ ao escrevê-lo. Ele quis dizer que aquela comida não era saudável o bastante para ser vegana, o que não faz o menor sentido. Há comidas saudáveis que têm ingredientes de origem animal, por isso não se entra no veganismo apenas pela saúde. Se a causa não estiver muito clara no seu coração, você vai falhar.

Veganismo é um movimento que busca reduzir ao máximo, dentro do possível e praticável, a exploração animal em todas as esferas da vida, não só na alimentação. Se você ainda não decorou essa definição aí, já coloca no Post-it, porque ainda vamos falar muito dela (costuma ser um bom argumento).

Apesar de o veganismo, como eu disse anteriormente, não ser sinônimo de saúde, preciso dizer que a minha saúde melhorou muito desde que me tornei vegana, e acredito que isso aconteceu pela mudança que ocorreu na minha forma de enxergar a comida. O veganismo é um convite para você transformar a sua alimentação por uma causa que não a estética – o que é inédito para muitas pessoas –, e, quando isso acontece, a mudança vem junto com a empolgação e a curiosidade, e então novos sabores, texturas e propriedades são bem-vindos. Além disso, exames em dia são parte importante do processo, e o interesse pela cozinha floresce.

Além da minha experiência pessoal, precisamos pincelar alguns fatos. Segundo a Academia de Nutrição e Dietética dos Estados Unidos (AND), que é a maior associação de profissionais de nutrição daquele país, a dieta vegetariana é segura em todas as fases da vida, inclusive para gestantes e crianças.* Assim, você pode ser saudável ou não em uma dieta vegetariana, assim como na alimentação tradicional.

Se nos segurarmos nas margens da definição de veganismo, não encontraremos algo diretamente relacionado à comida saudável, mas, se nos soltarmos e navegarmos ali por perto, encontraremos outras bandeiras importantes. O uso de agrotóxicos, a desnutrição, a fome, o desmatamento para as monoculturas e a criação de gado, a falta de incentivo ao pequeno agricultor e a ausência de políticas públicas para trazer a comida de verdade para o prato do brasileiro também devem ser combatidos. Em resumo, dizer que o veganismo é mais uma dieta do momento descredibiliza e ofende o movimento.

O VEGANISMO NÃO SE OPÕE AOS MOVIMENTOS SOCIAIS

Existe um personagem no imaginário coletivo quando se trata dos veganos. Confesso que a forma com que eu me visto, às vezes, faz jus a essa imagem (eu sou *miçangueira* e adoro um *tie dye*, fazer o quê – *rs*). O problema desse estereótipo é que ele vem com aquele ar de "para salvar o mundo, eu vou sair abraçando árvores", como se os veganos estivessem interessados unicamente nas causas animal e ambiental.

---

* ACADEMY OF NUTRITION AND DIETETICS (EUA). Position of the Academy of Nutrition and Dietetics: Vegetarian Diets. *FROM THE ACADEMY Position Paper*, [s. l.], v. 116, 2016. Disponível em: <https://www.eatrightpro.org/-/media/eatrightpro-files/practice/position-and-practice-papers/position-papers/vegetarian-diet.pdf>. Acesso em: 11 nov. 2021.

Acredito que muitos veganos se perdem nesse personagem. Quantas vezes já ouvimos declarações sem qualquer recorte de classe, raça ou gênero? O que me incomoda, nesse caso, é a visibilidade que pronunciamentos desse tipo ganham, deixando para trás um trabalho muito coerente que ativistas fazem todos os dias.

Não podemos nos esquecer de que os veganos são indivíduos, muitas vezes com seus próprios preconceitos, incapazes de representar um movimento com tamanha pluralidade de vertentes. Existem caminhos dentro do veganismo, e alguns levantam bandeiras diferentes de outros, como em qualquer outro movimento. No entanto, o preconceito não deve fazer parte do discurso vegano, pois o alinhamento com as demais questões sociais é essencial.

De vez em quando chega alguém no Instagram e me manda um "dona do veganismo" ou "ícone vegano". Confesso que meu nível de ansiedade vai lá em cima, mas eu sei que esses termos são gírias e que ninguém quer dizer isso ao pé da letra. No entanto, a partir do momento em que você é uma pessoa pública que representa uma causa, acaba falando em nome dela, por isso quero ter cada vez mais conhecimento para falar com ainda mais responsabilidade. Busco sempre aprender com os veganos e com ativistas de outras causas, e acredito que não só os criadores de conteúdo precisam agir desse modo, mas todas as pessoas que não trabalham com internet também.

No meu caso, a minha história se opôs a essa narrativa comumente contada. O meu primeiro despertar político, em se tratando de movimentos sociais, foi com o feminismo, quando comecei a perceber que o meu gênero preestabelecia a forma como eu era vista, entendida e oprimida. Eu queria poder pagar de inteligente e dizer que a minha iniciação no feminismo se deu com Simone de Beauvoir e Malala, mas isso veio só depois. No começo, aprendi muito com blogueiras que criavam conteúdos sobre a pauta, e tenho todo o respeito pelo trabalho delas.

Depois, quando comecei a me entender como bissexual e a experimentar essa outra forma de preconceito, passei a defender os direitos LGBTQIA+. Sei que não precisamos necessariamente fazer parte de uma comunidade para defender os seus valores (o veganismo tá aí, né). No entanto, experienciar de verdade a opressão é o que te dá mais propriedade, e deve ser por isso que o veganismo ainda é uma causa tão mal compreendida pelas pessoas.

O veganismo chegou para mim num momento em que eu estava me abrindo para aquilo que era além do que me afetava, o que não quer dizer que eu enxergue uma escala evolutiva com o veganismo sendo a linha de chegada. Dizer que eu não conseguiria validar, respeitar e admirar pessoas que não são veganas me impediria de idolatrar pessoas como Djamila Ribeiro (por sua luta feminista e antirracista), Mariana Torquato (por sua luta anticapacitista) e Caio Revela (por sua luta LGBTQIA+ e antigordofobia). Enxergar além do seu próprio umbigo é importante para se tornar vegano.

Acredito que a relação entre o veganismo e as demais lutas sociais vai além do fato de que seus membros fazem parte de outros movimentos. O veganismo em que eu acredito enxerga a demarcação de terras indígenas como algo urgente, assim como a reforma agrária e o fim do coronelismo no campo. Ao se opor à indústria agropecuária, automaticamente você se opõe aos poderosos. A bancada ruralista brasileira faz questão de atender aos seus próprios interesses e, infelizmente, ocupa até cargos ligados à proteção ambiental.

Já vi muita gente zombando da galera que se preocupa com a escassez de água, mudanças climáticas ou poluição, considerando esse como um pensamento ingênuo e até mesmo idealista perto dos problemas "reais" do mundo. O que muitos não percebem é que, sempre que há escassez de recursos, existe desigualdade de distribuição. Hoje, no Brasil, alguns grupos privilegiados têm mais acesso à saúde de qualidade, comida de verdade, segurança, boas escolas e lazer. No futuro, a água será o novo ouro, e advinha quem terá acesso a ela? Se eu te contar que em algumas partes do nosso país já existe o monopólio de poços de águas em regiões de seca, será uma surpresa para você? Por isso, pensar em sustentabilidade ambiental implica pensar nas consequências sociais da falta desses recursos.

Em resumo, existem alguns veganos sem consciência social, mas eles estão viajando; e se alguma vez eu não for consciente neste livro, me desculpe, vou melhorar.

COMIDA VEGETARIANA NÃO É CARA

É comum associarem o veganismo e o vegetarianismo a comidas caras, e isso acontece porque as comidas com "produto vegano" estampado nos rótulos são alimentos industrializados que, em sua maioria, imitam uma versão tradicional daquele alimento. Eu amo imitações, embora entenda que algumas pessoas não gostem, porém, o mais importante para mim é que não tenham sido criadas por meio de crueldade animal. O ponto é que essas imitações industrializadas são a exceção, e muitas vezes nem fazem parte da alimentação de um vegano.

Verduras, frutas, legumes, grãos, ervas, especiarias, castanhas, oleaginosas, algas e fungos já são alimentos veganos. Para além dos mais naturebas, temos pipoca, paçoca, cocada, pamonha, molho de tomate, conservas de vários tipos (picles, azeitona, palmito, tomate seco), a maioria dos pães e massas de pizza. Já parou para pensar o quão veganizável é a alimentação do brasileiro?

Vejam um exemplo de lista de itens da cesta básica padrão no Brasil:

- Arroz (vegano)
- Feijão (vegano)
- Óleo (vegano)
- Sal (vegano)
- Açúcar (vegano)
- Café (vegano)
- Molho de tomate (vegano)
- Macarrão espaguete ou parafuso (em sua maioria, vegano)
- Sardinha/atum
- Salsicha/charque

- Milho/ervilha ou seleta de legumes (vegano)
- Farinha de trigo/mandioca (vegano)
- Biscoito doce ou salgado (pode ser vegano)
- Pão de forma (vegano)
- Manteiga
- Banana (vegano)
- Leite em pó

Os veganos ganharam de 13 contra 4, e isso já nos mostra alguma coisa, certo? Eu quero que você pare de associar o veganismo a comidas específicas e comece a enxergar todas as possibilidades que o reino vegetal nos entrega. Mesmo assim, não podemos deixar de enxergar o elitismo dentro do movimento vegano – o que não é o mesmo que afirmar que se trata de uma alimentação cara. Os princípios veganos não são elitistas, mas muitas pessoas de dentro do movimento, sim. Por isso, temos que lutar para que o veganismo se democratize e chegue cada vez a mais gente.

Em resumo, pare de achar que comida vegana é só *cream cheese* à base de castanhas e pacotinhos descolados. Comida vegana é arroz e feijão. Ok, às vezes é creme de castanha também.

VEGANOS NÃO SE IMPORTAM MAIS COM ANIMAIS DO QUE COM PESSOAS

Surfando na mesma onda da galera que acha que vegano não tem consciência social, temos logo atrás a turma do "se importa mais com a vaca do que com as crianças do nosso país". Uma pessoa que pensa assim não tem a compreensão do termo "equidade", que é o que os movimentos sociais buscam. Dos mesmos autores de "as feministas querem oprimir os homens", não entendem que a lógica na verdade é eliminar uma opressão.

Pelo desenrolar do nosso debate (ou monólogo – *rs*), me sinto na obrigação de apresentar outro termo importante para seu vocabulário. Eu espero você pegar o Post-it! A palavra é *especismo*.

De acordo com o portal *Politize*, com base na entrevista concedida por Luciano Carlos Cunha, doutor em Ética e Filosofia Política, coordenador das atividades da Ética Animal no Brasil:

> O especismo é uma forma de discriminação contra quem não pertence a uma determinada espécie. Similar ao racismo, o sexismo e outros tipos de preconceito, o especismo se utiliza de argumentos sem base científica ou moral para validar a exploração e subjugamento de uma espécie sobre outra.*

Basicamente, *ranqueamos* as espécies de acordo com o que nós, seres humanos (a espécie opressora), criamos, e isso fica muito claro quando pensamos nas diferentes posições entre espécies não humanas. Por exemplo, o cachorro é tido como um ser amável, fofo, que não pode ser maltratado e nem morto (ainda que isso aconteça), mas o porco é sujo e feito para virar carne. Se houvesse alguma explicação científica para isso, talvez se respaldasse na inteligência do animal ou em sua capacidade de experienciar emoções. Mas e se eu te falar que os porcos são ainda mais inteligentes que os cachorros?** Além disso, eles também sentem amor pelos seus filhotes, tristeza, ansiedade, saudade e outros sentimentos.

---

* FOLTER, Regiane. O que é especismo? E o movimento antiespecista? *Politize!*, 28 out. 2020. Disponível em: <https://www.politize.com.br/especismo-e-antiespecismo/>. Acesso em: 27 set. 2021.

** MARINO, Lori; COLVIN, Christina. THINKING PIGS: Cognition, Emotion, and Personality: AN EXPLORATION OF THE COGNITIVE COMPLEXITY OF SUS DOMESTICUS, THE DOMESTIC PIG. *International Journal of Comparative Psychology*, [s. l.], 2015. Disponível em: <http://assets.farmsanctuary.org.s3.amazonaws.com/content/uploads/2016/06/27062338/TSP_PIGS_WhitePaper_vF_2.pdf>. Acesso em: 6 jan. 2022.

Eu sei que, na nossa sociedade, uma pessoa que come um porco e uma pessoa que come um cachorro têm intenções diferentes. Sei de todo contexto evolutivo e histórico por trás da nossa relação com as espécies. E é exatamente nesse ponto que o especismo toca. O veganismo tenta combater a ideia de que há espécies superiores a outras.

Se você leu até aqui, algumas bagagens suas já ficaram na calçada, ou pelo menos aprendeu como rebater algumas coisas. Acho muito importante, e procuro mostrar para você, o veganismo no dia a dia, mas esse movimento não tem nada de superficial.

OS IMPACTOS DO NOSSO PRATO

Uma das primeiras coisas que mudam quando nos tornamos veganos é que passamos a enxergar além dos alimentos; ou seja, passamos a pensar muito menos em calorias e muito mais sobre a cadeia produtiva de um ingrediente.

No comecinho de 2021, eu me mudei de volta para o interior. Saí de um apartamento no centro de São Paulo e vim para uma casa em Jacareí, uma cidade bem menor do que qualquer uma em que havia morado. Pela primeira vez, estava acordando com o galo e dormindo com o barulho das corujas. Também foi a primeira vez que passei a ter minha horta, com variedade de alimentos. De novo, mudei a forma como enxergo a comida.

Vou te propor um exercício que faço com os alunos do meu curso. Quando olhar para o prato da sua próxima refeição, tente responder às seguintes perguntas:

- Quem produziu esses alimentos?
- Essa pessoa foi bem paga para isso?
- De onde veio essa comida?
- Foi preciso muito combustível para ela chegar até você?
- Ela tem algum componente venenoso para você ou o meio ambiente?

Valem ainda outras perguntas que te façam ganhar consciência sobre o que você está comendo. E aí: você sabe o que está pondo na boca? Se não souber, não se cobre. Lutamos para que comida de verdade seja acessível a todos, porque sabemos que muitas vezes ela não é. Além disso, comida é afeto e cultura. Não precisamos excluir radicalmente os industrializados e tentar atender a uma expectativa que pode não ser possível. Tendo isso em vista, tente responder às seguintes perguntas sobre seu prato:

- O que essa comida representa para você?
- Como ela fez você se sentir?
- Quem ela te lembra?
- Ela te conforta?

Aqui na horta, aprendi muito sobre o tempo das coisas. Tem época certa para cada alimento; tem um que só cresce se for do lado do outro; tem aquele que gosta de chuva e os que gostam de sol; uns aguentam o frio, outros secam no calor. Todo mundo tem um papel. O meu é regar e fazer a compostagem diariamente; e, nas quartas-feiras, fazer a manutenção, o plantio e a colheita. A do meu pai é me fazer companhia nas quartas, e a do meu jardineiro, aparar a grama e ajudar no nosso projeto. Para além de nós, as abelhas, as minhocas, as formigas, a chuva, o sol e a noite têm sua função.

Gosto de pensar que a maior parte da minha comida foi produzida por pessoas que respeitam o maior número possível de seres envolvidos. Até porque, quando a cadeia produtiva de um alimento já começa com a morte direta de um animal, ele está automaticamente fora da minha lista.

Por isso, é importante saber algumas informações-chave por trás da luta contra o especismo. Mas, como há pessoas que se impressionam com a capacidade emocional dos animais, outras mais preocupadas com impactos ambientes e aquelas mais ligadas à saúde, vou tentar abarcar o máximo de inquietações possível para ninguém se sentir por fora.

OS ANIMAIS SENTEM E SE EMOCIONAM

O fato de que os animais têm sentimentos não é uma surpresa para ninguém, e isso é muito claro para qualquer um que já teve um animal de estimação. O melhor exemplo que eu posso dar é o da Judith, minha filha canina (sou mãe de pet – *rs*). Ela é um ser um tanto complexo, que se diferencia demais de outros cachorros, em especial por conta de um temperamento forte.

    A Judith tem dois lados: um muito meigo, carente, carinhoso e alegre, que ela mostra apenas para aqueles que conhece muito bem. O outro é bravo, explosivo, medroso e ciumento – esse aí ela mostra para qualquer um que ameace (ao menos na cabeça dela) quem ela ama. Se ela fosse uma pessoa, seria daquelas passionais. O que a Judith faz é agir segundo suas emoções, chegando ao ponto de ficar sem comer quando estou longe dela. Também não é novidade para muitos que os cachorros não escapam da ansiedade de separação, do transtorno obsessivo compulsivo, da gravidez psicológica e de outros problemas. São capazes de amar, confiar, servir e até entender os humanos algumas vezes. Quantas palavras da língua portuguesa seu animal de estimação reconhece? A Judith entende muito bem o "vamos passear", "o tio Tito tá chegando", "vamos papá", "não", "dá o barrigão", "vamos pra vovó", "que feio, Judith!". Quão incrível é a capacidade dela de memorizar e reagir de formas diferentes a palavras que não fazem parte da comunicação da sua própria espécie!

    Quando se trata dos outros animais, a lógica também se aplica. Sabe-se, inclusive, que as vacas têm um laço muito forte com os seus filhotes, mas as separamos deles para a produção de leite. Você se lembra do tal do especismo? Então, é ele aparecendo aí.

    Eu sei que é mais fácil termos empatia com algumas espécies do que com outras, no entanto, o exercício para tentar reverter isso precisa ser diário. Sempre foi mais difícil para mim me conectar com os seres aquáticos, e acredito que o fato de habitarmos em ambientes diferentes contribua para esse cenário – e era conveniente –, se eu levar em consideração que frutos do mar eram a minha comida favorita. Mesmo assim, sabia que o certo era parar de comê-los e parei.

    Quando eu já tinha quase quatro anos de veganismo, assisti ao filme *Professor polvo*, e o impacto foi tamanho que até tatuei um polvo na panturrilha. Esse documentário da Netflix mostra a relação que um mergulhador e cineasta cria com um polvo. No começo, percebemos a relação como uma via única; ele observa e admira o bichinho. Mas, ao longo da narrativa, as trocas começam.

Há interações surpreendentes entre eles. Em dado momento, passam a trocar abraços, carinhos, brincadeiras e olhares mútuos. O que mais me marcou foi quando o polvo, um incrível caçador, que antes só interagia com os peixes na posição de predador, começou a reproduzir esse mesmo comportamento que ele desenvolveu com o humano com outros animais. Em plena luz do dia, ele brinca com os peixinhos – essa cena me tocou de um jeito diferente. Acho que foi aí que percebi que tudo isso acontecia e eu apenas não via. Admirar o que não conhecemos é uma matéria difícil, no entanto, é essencial para criar empatia com os outros animais e, mesmo que esse sentimento não seja criado, o respeito pelas outras espécies precisa existir.

A INDÚSTRIA PECUÁRIA É UM DOS MAIORES RESPONSÁVEIS PELOS PROBLEMAS AMBIENTAIS

Vira e mexe vejo pessoas reduzindo seu gasto de água pelo planeta, indo de bicicleta para o trabalho, usando roupas sustentáveis, dispensando sacolinhas plásticas no supermercado e outras medidas para diminuir suas pegadas de carbono. Em momento nenhum quero descredibilizar essas ações, que são legítimas e importantes, mas é preciso considerar os impactos do consumo de carne. Eu sei que, se elas soubessem disso, mas soubessem de verdade, considerariam o veganismo.

Sempre escuto coisas do tipo "a causa da crise hídrica é o desperdício doméstico", quando o desperdício, somado ao uso comercial, representa apenas 8% do consumo de água global.* Recentemente,

---

* ALVES PENA, Rodolfo. Consumo de água no mundo. *Mundo Educação Uol*, 27 out. 2021. Disponível em: <https://mundoeducacao.uol.com.br/geografia/consumo-agua-no-mundo.htm>. Acesso em: 11 nov. 2021.

Fonte: SOCIEDADE VEGETARIANA BRASILEIRA (Brasil). IMPACTO AMBIENTAL POSITIVO DE UM DIA SEM CARNE: Segunda sem carne. 2018. Infográfico. Disponível em: <https://www.svb.org.br/pages/segundasemcarne/>. Acesso em: 11 nov. 2021.

começamos a ouvir também que "a causa da poluição marítima são os canudos plásticos". Não ache que eu quero a volta dos canudos plásticos, eles precisam acabar mesmo. No entanto, alguns dizem que o resíduo plástico encontrado em maior quantidade nos mares é a rede de pesca. Se você ainda não se sensibiliza pelos impactos da pesca, o documentário *Seaspiracy*,* também na Netflix, pode te ensinar muito.

O que realmente acontece é que existem algumas pautas ambientais que são mais comerciais e muitas vezes só levam em consideração o consumo individual. Por isso, vou te mostrar alguns dados que os veganos costumam ter na ponta da língua.

A figura anterior mostra quantos litros de água – além de quilos de gás carbônico e metros quadrados de desmatamento – você economiza se não consumir produtos de origem animal por um dia. Ou seja, se você for vegana por 24 horas, faz mais pelo planeta do que se tomasse banhos mais curtos durante meses.

Já escutei muitos absurdos dos que se opõem à minha causa, mas um é muito comum e icônico, porque mostra até onde podemos distorcer os fatos para provar um ponto. Alguém um dia comentou nas minhas redes: "Vocês, veganos, se dizem pró-natureza, mas comem soja até dizer chega, e todo mundo sabe os impactos do plantio de soja". Como a figura mostra, essa não é a realidade do país: a pecuária gasta muitos quilos de soja!

O grande problema do plantio de soja é seu formato de monocultura, as grandes plantações de um único produto, em larga escala, por meio do uso de tecnologia. A soja é uma *commodity*, ou seja, um bem valioso para o mercado internacional que precisa ser produzido em escala mundial, e ela não ganhou esse status ao lado do petróleo por conta do grande consumo de tofu. A verdade é que a soja é a principal matéria-prima para a ração animal, que corresponde à maior parte de

---

* SEASPIRACY. Direção: Ali Tabrizi. [s. l.: s. n.], 2021. Disponível em: <netflix.com>. Acesso em: 11 nov. 2021.

sua demanda. Fique tranquilo, porque, se você comer tofu, gera menos impacto do que se comer um bife.

Outro erro comum é usar exemplos de modelos sustentáveis de produção para desmerecer o veganismo. Como vegana, posso dizer que o nosso foco é combater a indústria que, segundo a Mercy for Animals,* explora 82 bilhões de animais terrestres, além de 48 a 160 bilhões de peixes por ano.** Não nos preocupamos com os pequenos produtores familiares, comunidades indígenas ou expressões religiosas, porque eles não são a raiz do nosso problema, até por serem minorias, mas muita gente escolhe uma causa como bode expiatório para seu preconceito. Por isso, é preciso combater uma indústria que não se espelha em nada nesses modelos.

Ouço também muita gente falando: "Vou consumir apenas ovos de galinhas soltas". Será que elas acreditam mesmo que vão conseguir ter esse tipo de controle? Não vou entrar no mérito de alguns conceitos como "galinha feliz" – o golpe está aí, cai quem quer. A partir do momento que você consome produtos industrializados ou come fora de casa, você não pode mais garantir a origem desses ovos.

Por isso, eu gosto do veganismo. Alguns acham o movimento radical ou extremo demais, mas eu acho seguro e realista. Não criamos condições especiais para o consumo e aliviar só um pouco nossa consciência. Até fiz questão de tatuar na minha perna: "Não, nem mel", de tanto que as pessoas me perguntam se há exceções.

Como vivemos tempos difíceis, em que a insensatez reina, preciso pontuar que isso não se aplica a vacinas e remédios. Lembra da definição de veganismo: "Dentro do possível e praticável"? Isso não inclui morrer, permanecer doente ou passar fome. A regra é clara: nada de origem animal, contanto que não apresente um risco à vida.

---

* Uma das maiores ONGs de proteção animal do mundo.

** MERCY FOR ANIMALS. Você sabe como funciona a indústria de alimentos de origem animal?. *Mercy for Animals*, 18 jun. 2019. Disponível em: <https://mercyforanimals.org.br/blog/voc-sabe-como-funciona-a-indstria-de-alimentos-4/>. Acesso em: 18 nov. 2021.

Eu costumo resgatar alguns conhecimentos da escola na hora de problematizar o mundo em que eu vivo (referências, né – *rs*), mas há pessoas que se baseiam em conhecimentos muito superficiais sobre um assunto para se justificar. Quem nunca ouviu um "é a cadeia alimentar, para o planeta viver em equilíbrio"? Engraçado é que muitos deles acreditam no conceito científico de "cadeia alimentar", mas não no conceito de "aumento do aquecimento global".

Também há quem diga: "O leão não pode ter dó da sua presa, assim como nós". Uma hora consideramos o animal completamente inferior; na outra, fazemos comparações diretas entre eles e os humanos. O tipo de gente que fala isso não quer experienciar o mesmo processo que o leão para captura e ingestão da sua comida: sujar as mãos de sangue, lutar de igual para igual ou comer aquela carne crua.

Se houvesse equilíbrio ecológico, não teríamos tantos problemas ambientais relacionados ao consumo de carne. Inclusive, se não diminuirmos os números alarmantes desse consumo, em alguns anos ele não será mais possível. Existem quatro variáveis ambientais que limitam a produção de carne em escala global, segundo Pablo Léon, escritor da coluna de meio ambiente do jornal *El País*:* a superfície ocupada pelas pastagens; a água consumida, tanto por parte dos animais como no processo de produção; a energia necessária durante o processo; e os gases de efeito estufa provocados pela flatulência do gado, que correspondem atualmente a 14,5% do que é lançado na atmosfera, segundo a Organização das Nações Unidas para Alimentação e Agricultura (FAO).**

---

* LEÓN, Pablo. Consumo de carne tem impacto também no ambiente. *El País*, Portal Uol, 4 nov. 2015. Disponível em: <https://noticias.uol.com.br/internacional/ultimas-noticias/el-pais/2015/11/04/consumo-de-carne-tem-impacto-tambem-no-ambiente.htm#:~:text=Existem%20quatro%20vari%C3%A1veis%20ambientais%20que,5%25%20dos%20emitidos%20na%20atmosfera%2C>. Acesso em: 18 nov. 2021.

** Ibidem.

A mesma reportagem cita uma pesquisa do professor de nutrição Serra-Najem, que, junto com outros três pesquisadores, investigou o que poderia acontecer no mundo se o padrão alimentar tradicional fosse recuperado.* Se a Espanha, por exemplo, voltasse à dieta mediterrânea (com baixo consumo de carne), não só as pessoas teriam uma saúde melhor, como também as emissões de gases de efeito estufa associadas à produção de alimentos cairiam 72%, o uso de terras agrícolas se reduziria em 58%, a energia solicitada diminuiria 52% e a água necessária baixaria em 33%. Tudo isso para te explicar que não existe pensar em sustentabilidade ambiental em longo prazo sem considerar o veganismo.

COMER CARNE NÃO É TÃO SAUDÁVEL QUANTO PARECE

O primeiro passo para deixar para trás o seu preconceito alimentar é entender que nossos conceitos sobre nutrição são, em sua maioria, baseados no senso comum. Por exemplo, sempre associamos macro e micronutrientes a determinados alimentos. A laranja é comumente associada à vitamina C, mas minha nutricionista (@nutri.mariacappelli) me ensinou que outras frutas, como acerola, goiaba, caju e mamão, são fontes ainda mais ricas de vitamina C. E uma das crenças mais fortes é a de que proteínas estão presentes apenas em carnes, sem levar em consideração o quão proteico é o reino vegetal.**

Muitas vezes associamos algumas espécies às propriedades da sua base alimentar. Os peixes ficaram conhecidos por serem fontes de Ômega 3, quando, na verdade, eles são ricos em Ômega 3 *porque* se

---

* Ibidem.

** DA SILVA ALVES, Eloize et. al. Proteínas vegetais como alimentos funcionais – revisão. *Brazilian Journal of Development*, [s. l.], 5 fev. 2020. DOI 10.34117/bjdv6n2-043. Disponível em: <https://www.brazilianjournals.com/index.php/BRJD/article/view/6670/5883>. Acesso em: 18 nov. 2021.

alimentam de algas.* Então, por que não ir direto à fonte? Se a finalidade é ingerir esse nutriente, podemos nos alimentar diretamente das algas.

Digo mais: hoje em dia, se você comprar um salmão, ele não será rico em Ômega 3, naturalmente, por causa da alimentação fornecida. Esses animais são alimentados com rações enriquecidas, o que torna o processo ainda menos natural. Escutamos muito sobre a importância do consumo de cálcio, associado ao leite, mas pouco se fala sobre os altos níveis de cálcio presentes no gergelim.

Além da falta de informação, as informações falsas (as famosas *fake news*) são parte do problema. Ainda anda solto pelo ar o mito de que o consumo da soja na infância pode interferir nos hormônios da criança. Eu juro que não sou a louca da soja, mas o problema é que ela é um constante alvo de críticas incoerentes. A verdade é que nós podemos escolher a soja que vamos consumir, preferencialmente a orgânica e não transgênica. Existe essa lenda de que a soja poderia fazer com que as crianças desenvolvessem mamas, um mito que surgiu porque achavam que a soja agia como um fito-hormônio, mas não é verdade. Isso aconteceu porque o confundiram com estrogênio, mas eles não são a mesma coisa. A soja tem muito mais fatores positivos, como ajudar na prevenção de câncer de mama e próstata, do que negativos.** Os animais criados para consumo humano também estão se alimentando de soja, então, os não veganos também a consomem indiretamente e de uma forma menos selecionada.

Os produtos de origem animal têm propriedades positivas, claro, no entanto, devemos falar mais sobre as negativas. Segundo a Agência Internacional de Pesquisa em Câncer (IARC), da Organização Mundial da Saúde (OMS), as carnes processadas (salsichas, bacon, peito de

---

* BESINS HEALTHCARE. FONTES DE ÔMEGA-3: ANIMAL × VEGETAL. *Besins Healthcare*, [s. l.], 8 out. 2020. Disponível em: <https://besins-healthcare.com.br/besins/fontes-de-omega-3-animal-x-vegetal/>. Acesso em: 18 nov. 2021.

** CÂMARA, Lucas Caseri. Soja, *Hormônios e Câncer*: A Ciência por trás dos Mitos. 1. ed. [s. l.: s. n.], 2019.

peru, presuntos) são carcinogênicos do grupo 1, o mesmo do tabaco e da fumaça de óleo diesel.* Ao fumar um cigarro, a maior parte das pessoas sabe do seu risco cancerígeno, mas, ao comer carne, não. Acredito que a informação precisa ser divulgada para que a escolha seja consciente. Segundo o Instituto Nacional de Câncer (Inca), do Ministério da Saúde, a recomendação é a de que a carne vermelha seja ingerida até duas vezes na semana, podendo ser substituída por outras combinações de alimentos com valor proteico semelhante, como arroz com feijão.

Somos bombardeados por suposições equivocadas sobre a dieta vegana. Me venderam a ideia de que veganos são fracos, cansados e doentes, mas vemos muitos atletas de alta performance optando por uma dieta à base de plantas para melhorar seu desempenho, como a Marta, eleita seis vezes a melhor futebolista do mundo, cinco consecutivas, que se tornou vegana.

Pesquisadores da Universidade Oxford afirmaram que "o consumo de carne vermelha não processada em excesso, combinado com o consumo de carne processada, foi associado a maiores riscos de doenças cardiovasculares e gastrointestinais". Publicados na revista *BMC Medicine*, os resultados baseiam-se na análise dos registos de saúde de 474.985 britânicos.**

Algo que confunde as pessoas é o fato de muitos profissionais da área da saúde terem um discurso antiveganismo, o que não me

---

* INSTITUTO NACIONAL DE CÂNCER, MINISTÉRIO DA SAÚDE. OMS classifica carnes processadas como cancerígenas. *Notícias Instituto Nacional de Câncer*, 26 out. 2015. Disponível em: <https://www.inca.gov.br/noticias/oms-classifica-carnes-processadas-como-cancerigenas#:~:text=As%20carnes%20processadas%20agora%20est%C3%A3o,e%20fuma%C3%A7a%20de%20%C3%B3leo%20diesel>. Acesso em: 18 nov. 2021.

** LUGLIO, Alessandra. Consumo de carnes pode aumentar o risco de doenças comuns como doenças cardiovasculares, diabetes, pólipo colorretal e refluxo. *Sociedade Vegetariana Brasileira*, 7 mar. 2021. Disponível em: <https://www.svb.org.br/2624-consumo-de-carnes-pode-aumentar-o-risco-de-doencas-comuns-como-doencas-cardiovasculares-diabetes-polipo-colorretal-e-refluxo>. Acesso em: 18 nov. 2021.

impressiona de nenhuma forma. Assim como outros, os profissionais da área da saúde muitas vezes carregam seus preconceitos para a sala de consulta. Não é raro termos conhecimento de comportamentos gordofóbicos, elitistas, racistas ou capacitistas vindo de médicos e nutricionistas. O fato é que, ao condenar a dieta à base de plantas, eles se posicionam contrariamente aos estudos mais recentes sobre a área. Às vezes, lançam algumas pesquisas recentes condenando a dieta à base de plantas, mas precisamos sempre checar quem foi o financiador da pesquisa, pois as empresas têm interesses econômicos ao encomendar um projeto assim. Muitas vezes, por trás de um dado, existem algumas variáveis que são importantes. Além do financiador, verifique se a amostra analisada e o método utilizado estão de acordo com os padrões de veracidade. Por isso, é sempre importante procurar um profissional que tenha o conhecimento necessário para te atender.

Como eu já disse antes, podemos consumir carne e ser pessoas saudáveis, assim como podemos ser veganos saudáveis também. Por isso, apesar de esse modo de viver não se basear exclusivamente na saúde, ela não é excluída ou desvalorizada no processo. O importante é se questionar a todo tempo sobre a diferença entre o que nos é dito e o que é verdade – em resumo, precisamos enxergar os impactos reais das nossas escolhas alimentares.

#4

A JORNADA NÃO É LINEAR

Muitas vezes, já ouvi pessoas dizendo que foram veganas por algum tempo e um dia bateu aquela vontade ou necessidade de consumir um produto de origem animal. Por isso, acabaram comendo carne, viram que não eram capazes de continuar no modo de viver vegano e desistiram dele. Aí que mora o problema: o veganismo foi colocado em um lugar de tanta idealização que "errar" não parece permitido.

Se pensarmos na teoria do veganismo como "um modo de viver que busca excluir, na medida do possível e praticável, todas as formas de exploração e crueldade contra os animais", nas palavras da Vegan Society,* certamente ao comer uma fatia de queijo você não busca excluir a exploração animal. No entanto, na prática, a gente esbarra em muitas variantes da vida humana.

Alimentação é cultura, hábito, memória e afetividade, além de ser uma necessidade básica que nos permite viver. Então, quando uma pessoa se torna vegana, ela ainda está sujeita a tudo isso. Quando o veganismo se materializa na rotina do indivíduo, deixa de ser perfeito. Assim como qualquer outra causa, ao esbarrar em contextos pessoais e questões financeiras, o veganismo precisa ser moldado.

Não podemos nos esquecer de que o veganismo vai além da alimentação. Então, tudo isso que falei se aplica também ao uso de cosméticos, produtos de limpeza, roupas e onde quer que um animal possa ser explorado na nossa sociedade – que não é pouca coisa, já que o ser humano inventou diversas maneiras de maus-tratos.

---

* SOCIEDADE VEGETARIANA BRASILEIRA (Brasil). O que é veganismo? *Sociedade Vegetariana Brasileira*, 18 nov. 2021. Disponível em: <https://www.svb.org.br/vegetarianismo1/o-que-e>. Acesso em: 18 nov. 2021.

Porém, somos seres ambivalentes, muitas vezes hipócritas e contraditórios, e os veganos não são diferentes. Vamos, sim, errar, e muitas vezes teremos que contornar limites materiais para continuar caminhando na direção do veganismo.

Sempre que meus seguidores me relatam que estão se sentindo mal por terem cometido algum deslize, meu posicionamento é o mesmo. Pergunto a eles: o que você vai fazer com esse erro? Ele vai tomar a proporção que você permitir. Se aquele deslize se tornar o fim da sua jornada vegana, talvez ele tenha sido enorme, mas, se for um pedacinho da sua história, pode se tornar irrelevante.

Digo mais, muitas vezes nossos erros geram mais mudanças que nossos acertos. Quando percebemos isso, passamos a enxergá-los como potencializadores de transformações e crescimento. Vou contar uma história que ficou marcada em mim. Sim, você vai saber sobre um dos deslizes que eu, criadora de conteúdo e ativista vegana, cometi no início da minha jornada. Assim, a gente pode normalizar o fato de que as pessoas erram, inclusive veganos.

Quando comecei a reduzir meu consumo de carne, aos 17 anos, com a pretensão de ser ovolactovegetariana, combinei de ir a um barzinho com os meus pais. Chegando lá, o cardápio estava lotado de opções vegetarianas, no entanto, quando eu li "porção de bolinho caipira" (bolinho típico das festas juninas na minha cidade, que marcou minha infância), não consegui escolher outra coisa. Mesmo ele sendo recheado de carne moída, foi o que escolhi.

Naquele momento, eu ainda não tinha um compromisso em ser vegana, muito menos estava rodeada de pessoas que pudessem me julgar. Na época, meu pai e minha mãe comiam carne. Comi tudo, mas não valeu a pena, e as lágrimas não me esperaram sair do restaurante para começarem a rolar, e voltei para casa com uma dorzinha no peito que eu nunca tinha sentido antes. Depois desse dia, percebi que o que eu acreditava era maior do que minha vontade de comer qualquer produto de origem animal. Esse acontecimento poderia ter sido o fim da minha jornada vegetariana, mas foi o começo do meu veganismo.

Quando nos tornamos veganos, uma das primeiras lições é esta: saber decidir entre o que consideramos certo e o que temos vontade de fazer. Acredito que somos colocados diante dessa encruzilhada muitas vezes na vida. No caso dos veganos, muitas vezes durante refeições, banhos, faxinas ou momentos de consumo.

Realmente, essa questão não vai desaparecer. Minha vontade de ensinar tantas receitas tradicionais em suas versões veganas vem da vontade de diminuir a constante necessidade de escolher entre um ou outro. Hoje, nosso vídeo de bolinho caipira vegano já teve milhares de visualizações, e, por causa dele, muitas pessoas não precisaram abrir mão do prazer nem da causa.

Você pode estar se perguntando: Luísa, você está me dizendo que está tudo ok se bater a vontade e eu der aquela recaída? Não foi isso que eu quis dizer. O que eu preciso que você entenda é que, caso aconteça, não desista. É claro que a maioria das situações pode ser evitada se pararmos para pensar, mas, no âmbito pessoal, só a própria pessoa sabe o que é inevitável para ela. Vou contar aqui quais foram as minhas maiores dificuldades ao adotar o modo de viver vegano e como fiz para superá-las. A jornada do veganismo não é linear e está tudo bem.

MEMÓRIA AFETIVA

Minha família sempre se uniu em volta da mesa. A comida sempre foi aquele impulso que nos aproximava, e todos nós temos em comum a apreciação por ela. Quando se trata do meu avô, é quase impossível separar o que eu sinto por ele do que eu senti ao comer seus pratos durante toda minha vida.

Ele cozinhava para mim seus pratos tradicionais: carne-seca com abóbora, bacalhau, costelinha, strogonoff, feijoada e tantos outros. Para mim, o cheiro do meu avô é o cheiro desses pratos. Não me lembro da última vez que o abracei e não senti a casa perfumada por uma de suas receitas. Quando parei de comer sua comida, senti a dor de não receber mais o seu amor, porque a cozinha sempre foi a linguagem de afeto do meu avô.

Quando comecei essa jornada, a comida do vô Mané foi motivo de algumas recaídas. Com ele na mesa, eu parecia me esquecer dos meus ideais, mas, mesmo assim, consegui vencer isso. Aos 19 anos, ressignifiquei a minha relação com ele, e percebi que nada mudava a minha maior identificação com o meu avô: o amor pela cozinha. Hoje, muito do que ensino no meu canal veio do Mané. O famoso "temperinho do meu avô", uma base de cebola, alho e outros temperos, que uso em praticamente todo vídeo, que foi tema de aula no meu curso e que está presente no meu *e-book*, é um grande exemplo disso.

Sempre que vejo meus avós, Iara e Manoel, eles me passam alguma receita vegana que viram na televisão. O canal sempre é assunto, e eles falam com muito orgulho. Incontáveis vezes, meu avô já me passou suas receitas não veganas e eu as "veganizei" em vídeos. Sem falar nos inúmeros preparos do meu avô que já eram naturalmente veganos e nunca havíamos percebido. Hoje, eu sei que, onde há amor, há adaptação.

FALTA DE INFORMAÇÃO

Quando viramos veganos, descobrimos que o humano encontrou muitas formas de explorar os animais. Os não veganos nem sabem quanto sofrimento animal pode estar por trás de alguns produtos. Ser vegano é constantemente se informar sobre a origem daquilo que consumimos, por isso, no começo da caminhada, muitos de nós cometem erros por falta de conhecimento. Vou listar algumas das verdades que mais me chocaram no início:

- Gelatina é feita de colágeno animal, por isso, marshmallows, balas e doces em que vai gelatina não são veganos.

- Produtos de limpeza são, em sua maioria, testados em animais, mas existem marcas populares que não realizam testes – precisamos saber quais são.
- Tecidos como seda, camurça e lã não são veganos, assim como couro e pele.
- Animais são explorados no entretenimento o tempo todo: em circos, filmes, pontos turísticos, rodeios e zoológicos. A forma de nos divertimos também precisa mudar.
- A indústria da beleza não só testa em animais, como usa ingredientes de origem animal e, mesmo assim, recebe selos como "livre de crueldade animal".
- Muitos corantes usados em alimentos e bebidas são feitos a partir de matéria-prima animal. No rótulo, precisamos fugir de E120, carmim, ácido carmínico, corante natural vermelho 3 ou 4, goma laca, laca de alumínio e CI 75470. Esses são os nomes do corante vermelho, que é feito de milhares de insetos, chamados de cochonilha (*Dactylopius coccus*).* Estima-se que é preciso cerca de 70 mil insetos esmagados para produzir 450 gramas do corante vermelho.** Entre outros corantes que são de origem animal.

Essas foram algumas das descobertas que mais me impressionaram, mas garanto que a lista de uso não óbvio de exploração animal não acaba por aí, e o único jeito de combater a ignorância é adquirindo conhecimento – no capítulo 13, te ensino onde achar informação.

---

* TEIXEIRA, Luzimar. Texto de apoio ao curso de Especialização Atividade Física Adaptada e Saúde: Corantes. *Especialização Atividade Física Adaptada e Saúde*, [s. l.], 29 nov. 2021. Disponível em: <http://www.luzimarteixeira.com.br/wp-content/uploads/2010/04/corantes-completo.pdf>. Acesso em: 29 nov. 2021.

** DALMASO, Isabela. Substitua os corantes por opções veganas: Você sabe quantos insetos são mortos para produzir o corante vermelho? Saiba como fazer corante alimentício em casa e sem crueldade animal. *Portal Vegano*, 25 ago. 2020. Disponível em: <https://portalvegano.com.br/blog/post/corantes-veganos>. Acesso em: 29 nov. 2021.

PRESSÃO SOCIAL

Questionar tradições gera repressão. Ao se tornar vegano, muito provavelmente sua família, seus amigos, seus colegas de trabalho e até mesmo desconhecidos vão reagir à sua escolha. Algumas reações negativas vêm disfarçadas de piadas – os veganos já estão fartos da quantidade de piadinhas que são feitas sobre seu ativismo. Nesses casos, precisamos ser firmes ao explicar que, quando se trata da sua luta, chacotas não são bem-vindas.

A exclusão é outra forma comum de repressão, pois param de te convidar para eventos por acharem que seu modo de viver não combina com a ocasião. Estamos no Brasil, e aqui o churrasquinho de domingo é quase que um compromisso religioso, de modo que ser excluído desse evento pode significar perder um grande pedaço da sua esfera social.

Mas existem algumas formas de enfrentar esse problema, e a primeira delas é a adaptação: levar a sua própria grelha com legumes, fazer uma salada de batata com maionese vegana e aproveitar os acompanhamentos naturalmente veganos é uma opção. Precisamos achar uma forma de conviver com aqueles que amamos, mas não podemos nos esquecer do nosso papel educacional nesse processo. É preciso dividir nosso conhecimento com aqueles que nos rodeiam. Perguntas vão surgir, então esteja aberto a diálogos construtivos.

Acredito que estar sempre em adaptação ao meio não é o bastante. Um círculo de amigos que pensam como você também é necessário, e essa busca por um ambiente seguro foi a chave para eu não me sentir um "peixe fora d'água" constantemente.

FALTA DE ACESSIBILIDADE

Com a pandemia da Covid-19, falar de acessibilidade no Brasil demanda uma série de recortes. Em 2021, chegamos a ver o quilo do arroz chegar a R$ 7. Nesse cenário, nada parece ser acessível, e alimentos ultraprocessados entram na casa dos brasileiros substituindo opções mais naturais, que tiveram seus preços mais afetados pela inflação.

Não vejo a alimentação da nossa população como um problema individual, porque não é ao pedir para que as pessoas comam orgânicos que vamos mudar os impactos dos agrotóxicos na nossa saúde e natureza. É preciso que o Estado garanta aquilo que nos é de direito pela Constituição brasileira: "são direitos sociais a educação, a saúde, a alimentação, o trabalho, a moradia, o lazer, a segurança, a previdência social, a proteção à maternidade e à infância, a assistência aos desamparados, na forma desta Constituição" (BRASIL, 2010).* As soluções que vou apresentar não são aplicáveis em um contexto de insegurança alimentar, em que o indivíduo não está munido do seu poder de escolhas alimentares.

Vamos analisar os casos de pessoas que não estão passando fome, mas, mesmo assim, a acessibilidade encontra barreiras, pois a mentalidade coletiva não está alinhada com os valores veganos. Nos restaurantes, é comum que não tenha nenhuma opção vegana no cardápio. Na correria do dia a dia, não conseguir comer fora de casa afeta muitas pessoas em sua busca por uma alimentação sem carne. Nesses casos, a chave é, de novo, a adaptação. Fazer um pedido em um restaurante não preparado para o público vegano nunca mais será a mesma coisa, pois é preciso explicar, pedir alterações e enxergar claramente o que já é naturalmente vegano. Olha como o nosso clássico "PF", com arroz, feijão, a salada e a batata frita, já é uma bela refeição.

---

* SECRETARIA DE DIREITOS HUMANOS (Brasil). Direito à alimentação adequada: Por uma cultura de direitos humanos. *Governo Federal Brasil*, [s. l.], p. 1-79, 2013. Disponível em: <https://www.gov.br/mdh/pt-br/centrais-de-conteudo/promocao-e-defesa/direito-a-alimentacao-adequada>. Acesso em: 29 nov. 2021.

#5

ALÉM DA ALIMENTAÇÃO

A essa altura, já está claro para você que o veganismo não é apenas sobre comida. Mesmo assim, me sinto na obrigação de conversar um pouquinho mais sobre essa outra parte da história.

ANIMAIS NO MEIO DO ENTRETENIMENTO

Uma descoberta reveladora para mim foi perceber que grande parte do meu contato com animais vivos foi baseada em exploração: os animais que eu via de perto no zoológico não eram tão felizes quanto eu pensava; os elefantes de circo não estavam se divertindo; e os touros do rodeio eram torturados.

Falar desse campo da exploração animal é difícil, porque as linhas são muito tênues. Reconhecemos que alguns zoológicos fazem um trabalho importante de preservação ambiental, pesquisas científicas veterinárias e cuidam de animais resgatados, mas esse é o mundo mágico das pequenas exceções, enquanto temos uma quantidade enorme de zoológicos clandestinos desprovidos de fiscalização.

Por outro lado, temos os santuários que cuidam de animais resgatados, sem fins comerciais, mas muitos se aproveitam e lucram à custa dos animais. A questão é que isso não anula o trabalho responsável de muitas instituições sem fins lucrativos que desenvolvem excelentes projetos.

Às vezes, vemos no Instagram pessoas que postam foto com um animal selvagem claramente dopado, e a imagem geralmente vem acompanhada de uma legenda incoerente, como: "Muito amor por esse ser. Amo os animais!". Nós, humanos, associamos amor a proximidade e contato físico, mas, no caso dos animais, tem muito mais a ver com estar próximo a eles de maneira respeitosa.

Há casos famosos que ilustram bem como os animais são explorados para o entretenimento de humanos, em especial no mercado turístico. O mais paradigmático é o da orca Tilikum, mantida em cativeiro por anos e treinada para o show Shamu, do SeaWorld, que foi reportado no documentário *Blackfish* sobre a realidade de baleias em cativeiro. Por isso, eu te imploro: quando for viajar, substitua a foto com um camelo fantasiado por uma paisagem bonita ou um monumento local.

A EXPLORAÇÃO ANIMAL NA INDÚSTRIA DA BELEZA

Um cosmético pode não realizar testes em animais, mas não ser livre de crueldade animal. Alguns produtos que se afirmam contra a exploração de animais em testes não se preocupam com a matéria-prima, ou seja, podem não ter sido testados em animais, mas conter ingredientes de origem animal, como colágeno. Nesse caso, acontece o mesmo que na indústria alimentícia.

Mas, antes, vamos falar dos testes. A parte mais difícil é que não há números muito precisos de animais torturados em prol da ciência (ou apenas de uma sombra bapho). A ONG Pessoas pelo Tratamento Ético dos Animais (PeTA) estima que 3 milhões de animais acabam mortos por ano devido a esse tipo de cosmético.*

Acredito que seja tão difícil encontrar informações confiáveis porque, se as pessoas soubessem o que realmente acontece dentro dos laboratórios, não comprariam determinados produtos, como mostram casos que vira e mexe ganham exposição na mídia. Quem não se lembra

---

* EBEL, Ivana. Pesquisa usa 115 milhões de animais por ano no mundo, diz ativista. *DW*, 21 out. 2013. Disponível em: <https://www.dw.com/pt-br/pesquisa-usa-115-milh%C3%B5es-de-animais--por-ano-no-mundo-diz-ativista/a-17174134>. Acesso em: 18 nov. 2021.

do resgate dos beagles do Instituto Royal?* A verdade é que esse caso só ganhou tanta notoriedade porque se tratava de cachorros de raça – lembra do especismo? Olha ele aqui mais uma vez!

Mas, de certa forma, o mundo está mudando. Alguns anos atrás, testes em animais não eram condenáveis pela maioria dos consumidores. Marcas que não testavam geralmente nem divulgavam essa informação em suas embalagens por acreditarem que não era um fator decisivo para a compra. Infelizmente, grande parte das pessoas que se posiciona contra os testes em animais consome produtos que realizam essa prática. No momento do consumo, esses fatores ainda não são essenciais. Acho que essa é a maior diferença entre nós, veganos, e a maioria das pessoas não veganas. Comprar, para nós, é uma escolha consciente.

É por isso que a luta precisa atingir o campo das leis, e os testes em animais precisam ser proibidos. No estado do Rio de Janeiro, a Lei Estadual nº 7.814/2017 proíbe a utilização de animais em testes experimentais de cosméticos, produtos de higiene pessoal e de limpeza. Esperamos que outros estados sigam esse exemplo.

E mais: atualmente, há alternativas aos testes em animais, o que significa que, se eles deixarem de existir, não haverá insegurança médica. O coordenador executivo da Rede Nacional de Métodos Alternativos (Renama) dá um exemplo do uso de peles artificiais.** Obviamente, em alguns casos a substituição é mais difícil, e pode demorar para se tornar eficaz. De todo modo, pensar que há muito animal sofrendo para a gente usar o gloss do momento é muito triste.

---

* APÓS denúncia de maus-tratos, grupo invade laboratório e leva cães beagle. *G1*, 18 out. 2013. Disponível em: <http://g1.globo.com/sao-paulo/sorocaba-jundiai/noticia/2013/10/ativistas-invadem--e-levam-caes-de-laboratorio-suspeito-de-maus-tratos.html>. Acesso em: 18 nov. 2021.

** PASSOS, Gésio. Novas técnicas substituem testes de laboratório com animais. *Radioagência*, 27 mar. 2021. Disponível em: <https://agenciabrasil.ebc.com.br/radioagencia-nacional/pesquisa-e--inovacao/audio/2021-03/novas-tecnicas-substituem-testes-de-laboratorio-com-animais>. Acesso em: 18 nov. 2021.

EXPLORAÇÃO ANIMAL NA MODA

Hoje em dia, eu sou uma daquelas pessoas que perguntam nas lojas "esse couro é falso?" e torcem para que a resposta seja "sim!". Para mim, na moda existem tantas substituições disponíveis que eu julgo injustificável explorar um animal. Não que em algum outro meio isso se justifique, mas usar a pele de um animal para fazer um casaco horroroso é cruel.

Novamente, não estamos falando aqui de exceções, usos religiosos e ancestrais. O foco é a indústria que explora muitos animais todos os anos. Pensar que algo feito para proteger um animal do frio e do vento de repente está cruelmente a serviço do nosso look me assusta. Segundo a Projeto Esperança Animal (PEA), 100 chinchilas ou 40 raposas fazem um casaco de tamanho médio.

Quando vejo alguém que come carne e se posiciona contra o uso das peles, eu sinto um mix de sentimentos. Julgo que aquele é um bom momento para eu tentar explicar essa brisa de emoções ambivalentes. Sabe quando você fica na dúvida se acha a pessoa completamente hipócrita ou se a admira por estar se posicionando de alguma forma (tipo, é melhor do que nada)?

Eu não tenho a resposta de qual é o caminho correto, mais válido. Na minha cabeça, há casos e casos, e todos nós relativizamos as coisas. O que eu tento fazer é relativizar pela ótica mais justa do meu ponto de vista. Costumo analisar o contexto: quais os outros trabalhos daquela pessoa? De quais formas ela contribui para a causa, mesmo que indiretamente? Tem gente que eu só escuto e falo: "Hmmm, tá feio".

Não caberia enumerar neste livro todas as formas de exploração animal, porque são muitas, e se propor a viver uma vida 100% livre delas é quase que impossível, pois nunca saberemos com precisão se nenhum animal foi explorado na cadeia produtiva. Pode ser que tenham sido usados no transporte, na produção de alguns materiais utilizados, mas a própria definição diz "reduzir ao máximo, dentro do possível e praticável", e é isso que vamos continuar fazendo todos os dias.

#6

EQUILÍBRIO ENTRE CORPO, ALMA E MENTE

O veganismo costuma ser relacionado também a questões espirituais, que eu atribuo à relação que ele tem com algumas religiões, principalmente quanto à alimentação. Toda religião cria suas diretrizes e próprias leis morais, e algumas direcionam a alimentação de seus fiéis, mas, mesmo nas religiões que são associadas ao vegetarianismo, há divergências sobre o tema.

A real é que, dentro da narrativa religiosa, a abstinência de carne animal costumar ter um valor espiritual. No entanto, quando o assunto é fé, não existem afirmações absolutas, pois nada disso é comprovado e, no final, é o que as difere da ciência.

No meu caso, essa ligação aconteceu de forma sutil, mas noto que a minha percepção de espiritualidade mudou depois que me tornei vegana. Longe de mim dizer que me tornei um ser mais evoluído espiritualmente – isso não é verdade. Para mim, religião é uma das lentes com as quais vemos o mundo, então, foi como se o meu grau tivesse mudado um pouco.

Eu cresci em uma família espírita, então o centro kardecista era um ambiente familiar para mim. De vez em quando, o terreiro da umbanda também. Nunca vi o veganismo ser abordado nesses lugares, apesar de o espiritismo ter obras só dedicadas aos animais, inclusive obras tradicionais que afirmam que os animais podem ter mediunidade. Falávamos muito sobre a passagem dos seres humanos aqui na Terra, mas quase nunca os animais vinham muito à tona. Foi só aos 19 anos que relacionei a passagem das demais espécies por aqui com a nossa.

Em 2018, entrei para um curso de meditação budista em um templo perto da minha antiga casa, na Vila Mariana, em São Paulo, onde o professor falou muito sobre a importância de descentralizarmos a figura do humano. Era preciso entender que outros seres também são providos de jornadas espirituais. De repente, passei a relacionar tudo o que eu tinha aprendido na minha base espírita aos animais também, e eu realmente acredito nisso, mas cada qual com sua fé.

Quando falamos em equilíbrio entre corpo, alma e mente, eu tento racionalizar essa colocação. O corpo, para mim, representa a nossa saúde física, a forma com que tratamos essa ferramenta, ao passo que a alma está relacionada ao campo da fé e nada mais é do que aquilo em que você acredita, mesmo que não existam provas; por fim, a mente é a nossa consciência, nossos julgamentos morais e éticos, nossas percepções do que é certo e errado. Se tudo isso estiver alinhado, eu acredito que seja um equilíbrio. No meu caso, faria mal para o meu corpo se eu continuasse comendo carne, pois iria contra aquilo em que eu acredito fielmente e seria incoerente com o meu conceito de justiça. Por isso, sou vegana.

Mesmo reconhecendo a individualidade de nossas crenças, precisamos entender como as religiões criaram essas associações entre alma e alimentação. Vou usar como base para essa discussão o artigo "A prática vegetariana e os seus argumentos legitimadores: viés religioso", publicado pela revista *Nures*, da autora Beatriz Bresighello Beig, mestre em Pedagogia da Motricidade Humana pela Unesp.*

A autora explica que, quando se trata do comportamento alimentar humano, temos que levar em consideração que nenhum outro comportamento não automático se liga de modo tão próximo à sobrevivência. Pode-se dizer que a alimentação é uma junção entre o natural e o cultural, por isso nossas restrições alimentares vão além de questões científicas e geográficas. Apesar da internacionalização da indústria alimentícia, religiões podem ditar dietas diferentes. A história da prática do vegetarianismo, e até mesmo a sua expansão, carrega heranças religiosas. A noção de que os alimentos têm o poder

---

* BEIG, Beatriz Bresighello. A prática vegetariana e os seus argumentos legitimadores: viés religioso. *Revista Nures*, [s. l.], ed. 11, p. 1-15, jan./abr. 2009. Disponível em: https://revistas.pucsp.br/index.php/nures/article/view/7353/5349. Acesso em: 29 nov. 2021.

de purificar ou intoxicar nosso corpo físico, que reflete em nosso corpo espiritual, está presente em algumas religiões. Sempre que há o apreço pela não violência com outros seres vivos, o que consumimos ganha pesos morais e éticos.

No caso dos adventistas do sétimo dia, religião de denominação cristã, existem recomendações chamadas "reforma da saúde",* a qual inclui diversas restrições alimentares. O vegetarianismo é recomendado fortemente, mas não é uma regra. Para eles, o viés de "saúde" ganha evidência. Já no budismo, o vegetarianismo se baseia no conceito *ahimsa*, que consiste na rejeição constante da violência e no respeito absoluto a toda forma de vida; contudo, também não é uma regra. Ao se tratar de rigidez na alimentação vegetariana, os jainistas logo me vêm à mente. Assim como os budistas, eles também acreditam em *karma*. Para o Jainismo, o caminho para atingir uma encarnação favorável ou se libertar da necessidade de reencarnar é a não violência,** por isso são extremamente firmes ao defender a vida livre de exploração animal.

Você deve estar curioso para saber mais sobre a minha visão pessoal do assunto. Na minha concepção de espiritualidade, não faz sentido desprover os animais de alma, e acredito que a violência contra o animal não é algo que deve ser naturalizado. Entendo que diferentes espécies estão com missões distintas aqui na Terra, mas não as coloco em uma escala evolutiva, em que a espécie humana está acima das outras. Você pode acreditar ou não na mesma coisa que eu, ou nessas religiões que apontei aqui, mas, por mais que seja importante contextualizar culturalmente o veganismo, a religião não é o foco do movimento.

---

* ORGANIZAÇÃO ADVENTISTAS. A visão da reforma da saúde. [s. l.], 2006. Disponível em: https://www.adventistas.org/pt/espiritodeprofecia/visoes/visao-da-reforma-de-saude/. Acesso em: 29 nov. 2021.

** GREEN ME. *Jainismo, a religião que ensina que não é só o ser humano que tem Alma!*. [s. l.], 27 dez. 2018. Disponível em: <https://www.greenmebrasil.com/viver/arte-e-cultura/7452-jainismo-religiao-tudo-tem-alma/>. Acesso em: 29 nov. 2021.

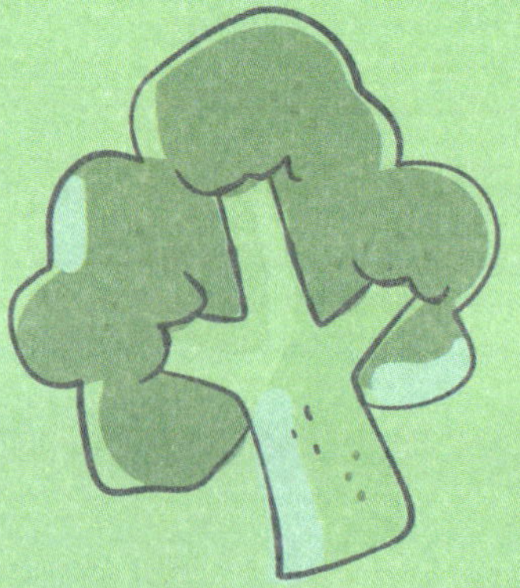

QUERO SER VEGANO, E AGORA?

Eu sei que muita gente vai querer pular direto para esta parte do livro. Se esse for seu caso, por favor, volte e leia a primeira parte! Eu sei que isso vai acontecer, porque euzinha aqui sou exatamente essa pessoa.

Então, agora que você já aprendeu bastante coisa, aqui vai o ouro, os meus segredos para viver uma vida vegana gostosa demais.

#7

A REFEIÇÃO PERFEITA

Este não é um capítulo para falar de nutrição vegana por vários motivos. O primeiro de todos é que eu não sou uma profissional da área, tanto que, no meu curso, a aula de nutrição é ministrada pela minha nutricionista.

Além disso, dedicar um capítulo a especificidades desse tópico vai um pouco contra o que eu tentei passar para você ao longo deste livro, ou seja, que a saúde é parte importante do processo, mas não é por ser vegana que você deixará de ser saudável. Também não é verdade que, ao se tornar vegana, necessariamente a sua saúde vai melhorar. O meu conselho é sempre o mesmo: esteja com os exames em dia, tenha uma alimentação diversificada e o mais caseira possível, procure um profissional da saúde que respeite suas escolhas e siga as orientações dele.

Agora, se tem um assunto no qual eu reconheço ter um pouquinho de autoridade é quando se trata de comida. Para te mostrar a minha concepção de prato perfeito, vou "pincelar" algumas propriedades nutricionais e uns *hacks* que eu desenvolvi ao longo da minha jornada.

ARROZ E FEIJÃO, EU SHIPPO

Não poderia demorar muito para falar sobre esse *power couple*. O arroz e feijão é uma combinação muito representativa. Vamos fazer um raio x e enxergar o que eles nos trazem. Na real, são a junção de um cereal e uma leguminosa, mas essa duplinha também é conhecida por ser fonte completa de proteína vegetal. Nós não precisamos necessariamente consumi-los na mesma refeição. O importante é manter um consumo equilibrado de lentilha, grão-de-bico, feijão, ervilha, milho, arroz, quinoa e outros. Isso quer dizer que aquela galera que fica apontando para o PF e perguntando "cadê a proteína?" nem faz ideia de que a proteína está bem ali, em abundância, no bom e velho arroz com feijão. Por isso, na dúvida, você pode sempre incluir este clássico brasileiro.

VERDE-ESCURO "IS THE NEW BLACK"

Ok, já falamos das proteínas, agora, lá vamos nós para o ferro. Quem nunca escutou que ia virar anêmico se tentasse ser vegano? No meu curso, a minha nutricionista, Maria Cappelli, explica que ninguém fala que o feijão e as folhas verde-escuras têm mais ferro do que a carne. Inclusive, nas folhas ele está ainda mais biodisponível do que no animal. Muita gente tem anemia por falta de B_{12} e ácido fólico, nem sempre por falta de ferro.

Há dois tipos de ferro: o que encontramos na carne (ferro heme) e nos vegetais (ferro não heme). O ferro da carne tem uma película que o torna mais absorvível, no entanto, o ferro de vegetais é mais bem absorvido quando combinado com vitamina C – essa vai ser a única diferença. Se você combinar esses dois elementos, vai ter mais ferro do que se comesse um bife.

E NÃO PODE FALTAR UM LIMÃOZINHO

Agora que você já sabe que o ferro presente nos vegetais é mais bem absorvido se for combinado com uma fonte de vitamina C, entende por que no meu feijão não pode faltar um limãozinho. O que eu não sabia era que acerola, manga, tomate e goiaba também ocupavam o cargo de maiores fontes de vitamina C, junto com o limão e a laranja.

SOCORRO! QUEM É ESSA TAL DE B_{12}?

Um dia você é uma pessoa normal, que nunca ouviu falar sobre uma tal vitamina B_{12}. Quando você se torna vegana, BUM! Todos querem saber quais as suas fontes de B_{12}. A minha nutri também me contou que a vitamina B_{12} é sintetizada por microrganismos; logo, nós não temos contato com ela porque nossa comida é muito esterilizada. Os animais comiam direto da natureza e conseguiam sintetizar essa vitamina, que era absorvida indiretamente pelos humanos no consumo de carne. Hoje em dia, eles são criados com rações enriquecidas, portanto recebem suplemento de B_{12}.

O mesmo acontece também para muitas pessoas que comem carne, mas não têm uma boa absorção. O estoque do organismo dura cerca de seis meses. Nesse caso, o paciente deve acompanhar seu estoque com exames e fazer a suplementação adequada.

Existem também produtos enriquecidos, como muitas leveduras nutricionais, mas a questão é que muita gente que se opõe a tomar suplementos por preferir algo mais natural não percebe que os animais podem estar recebendo essa suplementação. Por isso, faça seus exames, acompanhamento profissional e tome a vitamina B_{12}, se necessário.

SEM LEITE, COM CÁLCIO

Você sabia que o gergelim é a maior fonte de cálcio vegetal? Folhas verde-escuras (olha elas aí de novo), chia e linhaça também são ricas em cálcio. Adicionar esses ingredientes em sua alimentação é o suficiente para te proporcionar as quantidades necessárias.

Temos que nos atentar aos elementos que atrapalham essa absorção. O fitato, presente nas leguminosas, pode atrapalhar, por isso deixar as leguminosas de molho e trocar a água antes de consumir é essencial. A mesma coisa para o espinafre e a beterraba, que devem preferencialmente ser consumidos cozidos. Muita gente acha que, ao consumir creme de leite, vai consumir cálcio. Na verdade, um pouco de tahine é bem mais eficaz, até porque o creme de leite é muito mais rico em gordura do que em cálcio.

MEU PRATO É UM ARCO-ÍRIS

Eu sempre busquei intuitivamente o maior número de cores possíveis no meu prato, e confesso que um dia ou outro a comida afetiva fala mais alto e eu acabo comendo um prato inteiro amarelo. Mas, na maior parte das vezes, meus pratos são verdadeiros arco-íris.

Essa é uma forma fácil que encontrei de saber que estou comendo uma variedade grande de vitaminas e minerais. Sei que ela não é precisa, nem um método científico, mas para mim funciona muito bem! Por isso, se você comer de maneira muito monocromática, reveja a sua alimentação.

COMIDA DE PASSARINHO?

As sementes são deliciosas, os passarinhos manjam das coisas. Elas ficam perfeitas em granolas, saladas, *snacks*, mas o que eu gosto mesmo é de usá-las para finalizar meus pratos. Não tem prato que não fique mais bonito com um pouquinho de gergelim preto e semente de abóbora. Assim, além de instagramáveis, minhas comidas ficam nutritivas.

O PRATO PERFEITO
(QUE NEM SEMPRE ACONTECE)

> Cereal + leguminosa + folhas verde-escuras
> + sementes + fonte de vitamina C
> + variedade de legumes e verduras.

#8

A LISTA DE MERCADO DE UM VEGANO

(alimentação, cuidado com a casa, cuidado pessoal)

É impossível generalizar hábitos de consumo, por isso, não existe a lista ideal de compras de um vegano. Variantes como localização geográfica, estações do ano, renda, religião e cultura fazem parte da construção das nossas escolhas de consumo. O que eu vou apresentar aqui é um guia no qual se basear na hora de montar a sua própria lista de compras.

A FEIRA

A seguir, preparei uma listinha em forma de tabela para te ajudar na hora de identificar o que comprar!

Folhas verde-escuras	Frutas	Tubérculos
Couve Espinafre Rúcula	*Frutas para congelar*: morango, banana, uvas (prontas para virarem vitaminas) *Frutas fáceis de transportar (para comer fora de casa)*: maçã, banana, ameixa, pêssego e pera	Mandioca Batata-inglesa Batata-doce Inhame Mandioquinha
Legumes diferentes	**Leguminosas e cereais**	**Base para preparos**
Abóbora Berinjela Abobrinha Chuchu Jiló Quiabo Brócolis Couve-flor	Ervilha Milho	Alho Cebola Pimentão Gengibre Tomate Pimenta

Temperos frescos

Salsinha
Cebolinha
Manjericão
Tomilho
Orégano
Alecrim
Coentro
Sálvia

MERCADO

Oleaginosas	Alimentos práticos	Leguminosas
Amendoim Semente de girassol Semente de abóbora Gergelim Castanhas	*Geleias*: naturalmente veganas e matam a vontade de um docinho *Pastas de oleaginosas*: pasta de amendoim e tahine são as mais comuns *Condimentos*: ketchup, mostarda, molho de tomate, molho inglês (leia o rótulo) e missô *Tofu* (ou grão de soja para fazer caseiro)	Ervilha partida Feijão Grão-de-bico Lentilha Soja texturizada Amendoim
Cereais	**Pães**	**Gorduras vegetais**
Arroz Quinoa Milho Massas	Muitos pães já são veganos (confira os ingredientes)	Óleos vegetais Azeite de oliva Óleo de coco
Doces		
Goiabada Paçoca Pipoca doce Doce de abóbora Bananada Frutas em calda		

A FARMÁCIA

A maior parte dos produtos de higiene e beleza pode ser vegana ou não; vou deixar aqui uma lista* de marcas nacionais aptas para veganos:

- Acqua Kids (Nazca): opções veganas
- AhoAloe: 100% vegana
- Akor Cosméticos: opções veganas
- Almanati: opções veganas
- Anasol: opções veganas
- AnaZoe: 100% vegana
- Apse Cosmetics: 100% vegana
- Arte dos Aromas: 100% vegana
- Arvensis: 100% vegana
- Avora: 100% vegana
- Aymara-Una: 100% vegana
- B.O.B Bars Over Bottles: 100% vegana
- Beauty Color: opções veganas
- BioTerra: 100% vegana
- Biozenthi: 100% vegana
- Boni Natural: 100% vegana
- Bonita Por Natureza: 100% vegana
- Boutique do Corpo: 100% vegana
- Cativa Natureza: 100% vegana
- CHB / Use CHB: 100% vegana
- Coco Cosméticos: 100% vegana
- DaBelle Hair: tornou-se 100% vegana. Porém, seus quatro cremes para pentear das linhas Coco, Resgata, SOS e Cachos levavam um ingrediente de origem animal na composição e ainda podem estar nas prateleiras até acabarem os estoques
- Davene: opções veganas
- DermaClean: 100% vegana
- Ekilibre Amazônia: 100% vegana
- Ellementti: opções veganas
- Eora Brasil: 100% vegana

---

* FICHER, Ariane. *Lista nacional de marcas veganas e cruelty-free de cosméticos e maquiagem!*. [s. l.], 4 nov. 2021. Disponível em: <http://arivegan.com/2018/09/05/guia-nacional-de-marcas-veganas-e--que-nao-realizam-testes-em-animais-de-cosmeticos-e-maquiagem/>. Acesso em: 29 nov. 2021.

- Fefa Pimenta Natural: 100% vegana
- Fika Cosméticos: 100% vegana
- FRESH Cosmética: 100% vegana
- Gato Divino: 100% vegana
- GE Beauty: 100% vegana
- Gomic Beauty: 100% vegana
- Green Home: 100% vegana
- GREEN MATRIX: 100% vegana
- Griffus: 100% vegana
- Herbia: 100% Vegana
- INOAR: opções veganas
- Jeitô: 100% vegana
- Kap33: 100% vegana
- KHOR Cosmetics: 100% vegana
- Labelli Cosmética: 100% vegana
- Livealoe: 100% vegana
- Madreselva: 100% vegana
- MIX USE Profissional: 100% vegana
- Multi Vegetal: 100% vegana
- NESH Cosméticos: 100% vegana
- Oh My! Cosmetics: 100% vegana
- Orgânico Natural: 100% vegana
- Origem (Nazca): opções veganas
- Nazca: opções veganas
- NG de France: 100% vegana
- Piatan Natural: 100% vegana
- PinaPow!: opções veganas
- Prema: 100% vegana
- QOD Cosmetics: opções veganas
- Quero Color: 100% vegana
- Red Apple: opções veganas
- Reserva Brasil: 100% vegana
- Salon Line: opções veganas
- Sfera (Nazca): opções veganas
- SKALA: 100% vegana
- SKALA The Gardener: 100% vegana
- Soul Power: 100% vegana
- Souvie: opções veganas
- Surya Brasil: 100% vegana
- Terra Flor: 100% vegana
- The Green Concept: 100% vegana
- Toctus Professional: 100% vegana
- Tok Bothanico: 100% vegana
- Trópica Botânica: 100% vegana
- Tropicália: 100% vegana
- Twoone Onetwo: 100% vegana
- Unevie: 100% vegana
- VB | Veggie Beauty: 100% vegana
- Vyvedas: 100% vegana
- WNF: 100% vegana
- Yenzah: opções veganas

PRODUTOS PARA O LAR

Assim como os cosméticos, os produtos de limpeza também podem ou não ser testados em animais. Algumas das marcas populares que não testam em animais são: Ypê, Búfalo, Milão e Tixan. Mas atenção: não é porque um produto é apto para veganos que necessariamente ele é sustentável ecologicamente. Além disso, muitos produtos de limpeza têm a mesma formulação, mas são vendidos com funções diferentes, então fique atento e evite cair nessa armadilha.

Então, vou deixar aqui algumas diquinhas veganas e sustentáveis para te ajudar a cuidar da sua casa:

- Substitua sua bucha de lavar pratos por uma bucha vegetal, daquelas que usamos no banho – eu mesma planto a minha aqui em casa.
- Faça sua própria solução multiúso com álcool, vinagre e essências.
- Use bicarbonato para clarear roupas brancas.
- Um pouquinho de vinagre na máquina e suas roupas ficam macias.
- Use recipientes de imersões de ervas em água para perfumar seu ambiente.

#9

DICAS PARA UMA COZINHA PRÁTICA

Cozinhar de forma prática vai além de ter receitinhas fáceis sempre à mão. Algumas etapas pré-preparo são importantes. Vou te passar os quatro pilares que eu uso na minha casa.

PLANEJAR

Confesso que nem sempre consigo planejar minha alimentação da semana, mas, quando eu faço, me ajuda muito a comer melhor em dias corridos. Separe os domingos para fazer preparos que servirão de base para as suas refeições, como:

- **Arroz e feijão:** já preparo uma quantidade que dê para a semana toda e congelo metade.
- **Salada:** não tem como preparar a salada para a semana, mas as de segunda e terça-feira já estão garantidas. Armazene a salada lavada e picada em um pote com tampa.
- **Frutas picadas:** a vontade de comer fruta dobra de tamanho quando ela já está picadinha na geladeira.
- **Legumes assados:** uma fornada de legumes variados, feitos apenas no azeite, sal e pimenta-do-reino, é um item versátil para compor seu cardápio.
- **Alho e cebola já ralados:** essa base é perfeita para trazer mais sabor para a sua cozinha. Não se esqueça de adicionar o óleo para conservá-los e coloque em um pote de vidro com tampa na geladeira.

CONGELAR

Minha mãe diz que "quem congela sempre tem" – que mantra poderoso – *rs*. Todo mundo sabe que, quando uma comida sobra, congelar é um bom caminho. Só que eu enxergo além disso, pois existem algumas coisas que faço apenas para congelar.

- **Sopa:** sempre que fizer uma sopa, faça em grande quantidade e congele uma parte.
- **Frutas:** frutas congeladas são coringas para sucos, vitaminas e sorvetes. Sempre tenho congeladas banana já picada, uva, manga e outras frutas da estação.
- **Feijão e outras leguminosas:** sempre deixo as leguminosas de molho – a indicação é de doze horas, para perder seus antinutrientes. Por isso, é um processo trabalhoso, e tento fazer o máximo possível para a semana. Quando eu cozinho feijão, já faço meio quilo e congelo em porções individuais.
- **Temperos frescos:** temperos congelados não são os meus preferidos, mas eu costumo tê-los no meu freezer. Quando acabam os frescos da geladeira, tenho uma reserva. Deixo picadinho, dentro de saquinhos, no congelador.
- **Hambúrguer e bolinhos:** se feitos com leguminosas e cereais, são fontes ricas de proteína. Na hora da refeição, é só descongelar na frigideira. Eles podem trazer mais riqueza para uma refeição simples.
- **Pão:** ele dura muito mais congelado e fica fresquinho se colocado para descongelar em um forninho elétrico.

HIGIENIZAR

Eu sei que, quando a gente chega do mercado, dá preguiça de higienizar nossos vegetais. No caso das folhas, me ajuda muito ter tudo já limpo e cortado, pois evita aquela moleza para preparar saladas. Para mim, o melhor jeito de armazenar verduras e temperos frescos é, depois de lavar, enrolar em um pano de prato limpo e guardar dentro de um pote com tampa na geladeira.

REGRA DE UMA PANELA

Comida de uma panela só é a carta na manga de quem não gosta de lavar louça, e mexidinhos são os meus preferidos da categoria, pois são perfeitos para aqueles dias em que já acumulamos alguns restinhos em nossas geladeiras. Um pouco de arroz, com um pouco de vegetais, farinha de mandioca, banana e feijão – hummm, que combinação!

#10

RECEITINHAS PRÁTICAS

Sinto que vou decepcionar algumas pessoas ao dizer que este não é um livro de receitas. Mas fiquem tranquilos, pois teremos muitas delas, sim – para ser mais exata, 30 receitas. Eu sempre foquei em transmitir o que eu penso por meio dos meus pratos, e desta vez me deram a oportunidade de fazer isso através da escrita; então, pensei: *Por que não juntar os dois?*

Quero mostrar para você como podemos encontrar uma complexidade de sabores e sentimentos em comidas simples. Vou te ensinar algumas receitinhas fáceis que ocupam um lugar importante no meu coração, no entanto, eu não quero que você pare nelas. Esta cartilha deve ser seu guia de inspiração para criar suas próprias.

Eu fico chocada vendo o quão dependentes de medidas e instruções as pessoas são na hora de cozinhar. Às vezes, expressões como "um fio de azeite", "uma pitada", "só um susto" e "de zoio mesmo" assustam meus seguidores. Entendo que ficamos inseguros sempre que tentamos uma coisa nova, mas, por outro lado, foi testando e errando que eu comecei a acertar.

Faça o exercício de nem sempre sair correndo para o mercado atrás da lista exata de ingredientes. Experimente escolher uma receita, pode ser aqui do livro mesmo, e fazer a sua versão com o que tem na sua geladeira.

Eu me formei em Publicidade no final de 2020, e em um dos meus primeiros semestres tive um professor de criação que me disse uma vez que "nada se cria, tudo se copia". Não é uma apologia ao plágio, mas uma lembrança da importância de ter um repertório na hora de criar.

As coisas que inventamos não surgem do nada: elas são fruto de uma combinação de referências que puxamos na nossa memória. Não é à toa que muitas pessoas dizem que aprenderam a cozinhar com sua mãe, que costumam seguir o estilo de seus restaurantes preferidos ou que aprenderam a cozinhar com algum youtuber. O fato é que, para cozinhar bem, você precisa de três coisas: cozinhar, ver os outros cozinhando e comer. Então, siga alguns canais, faça cursos, estude, compre livros, mas também prove muitas receitas e improvise muito! E aqui vão algumas inspirações para você. Só para não perder o costume: "E agora, chegou a hora de laricar"!

LARICAS MATINAIS

Tem dias em que a única coisa que me faz levantar da cama é a larica, pois só ela é maior que a minha preguiça.

SUCO DE LARANJA COM CENOURA E COUVE

Ingredientes:
- Suco de 5 laranjas
- 1 cenoura descascada
- 2 folhas de couve

Modo de preparo:
Bata tudo no liquidificador até ficar uniforme, coe com um voal ou uma peneira.

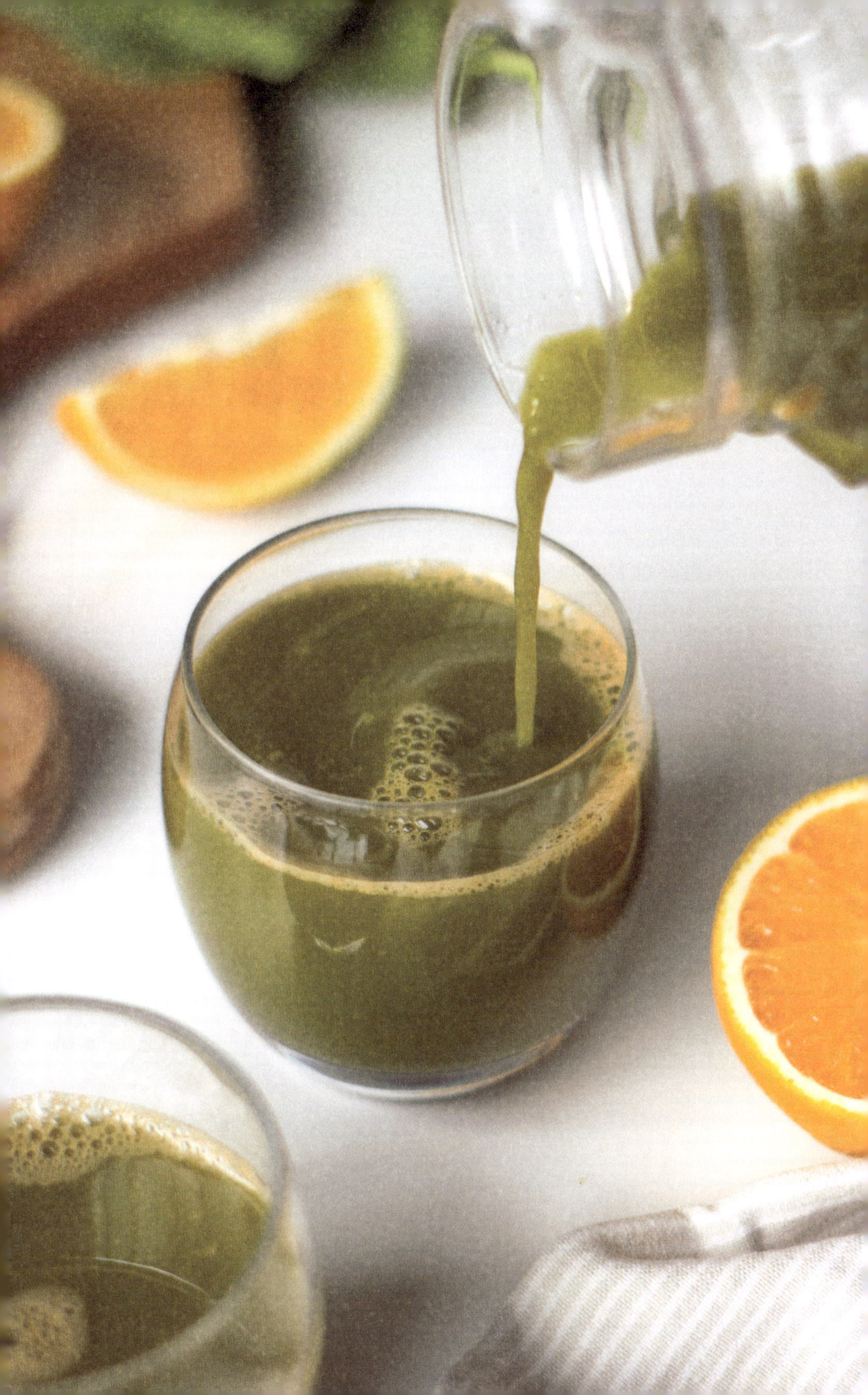

QUEIJO QUENTE VEGANO

Ingredientes:

- 1 batata descascada e cozida
- 3 colheres de sopa de azeite
- ½ xícara de água
- 1 pitada de sal
- Suco de ½ limão
- Orégano a gosto
- 1 colher de sopa de levedura nutricional (opcional)
- Pão de forma

Modo de preparo:

Bata no liquidificador a batata cozida com o azeite, suco de limão, água, sal e a levedura nutricional (opcional) até ter um creme homogêneo, bem lisinho. Depois, passe azeite nos dois pães e os recheie com esse queijo vegano; em seguida, cubra com orégano. Por fim, leve à sanduicheira até dourar os pães.

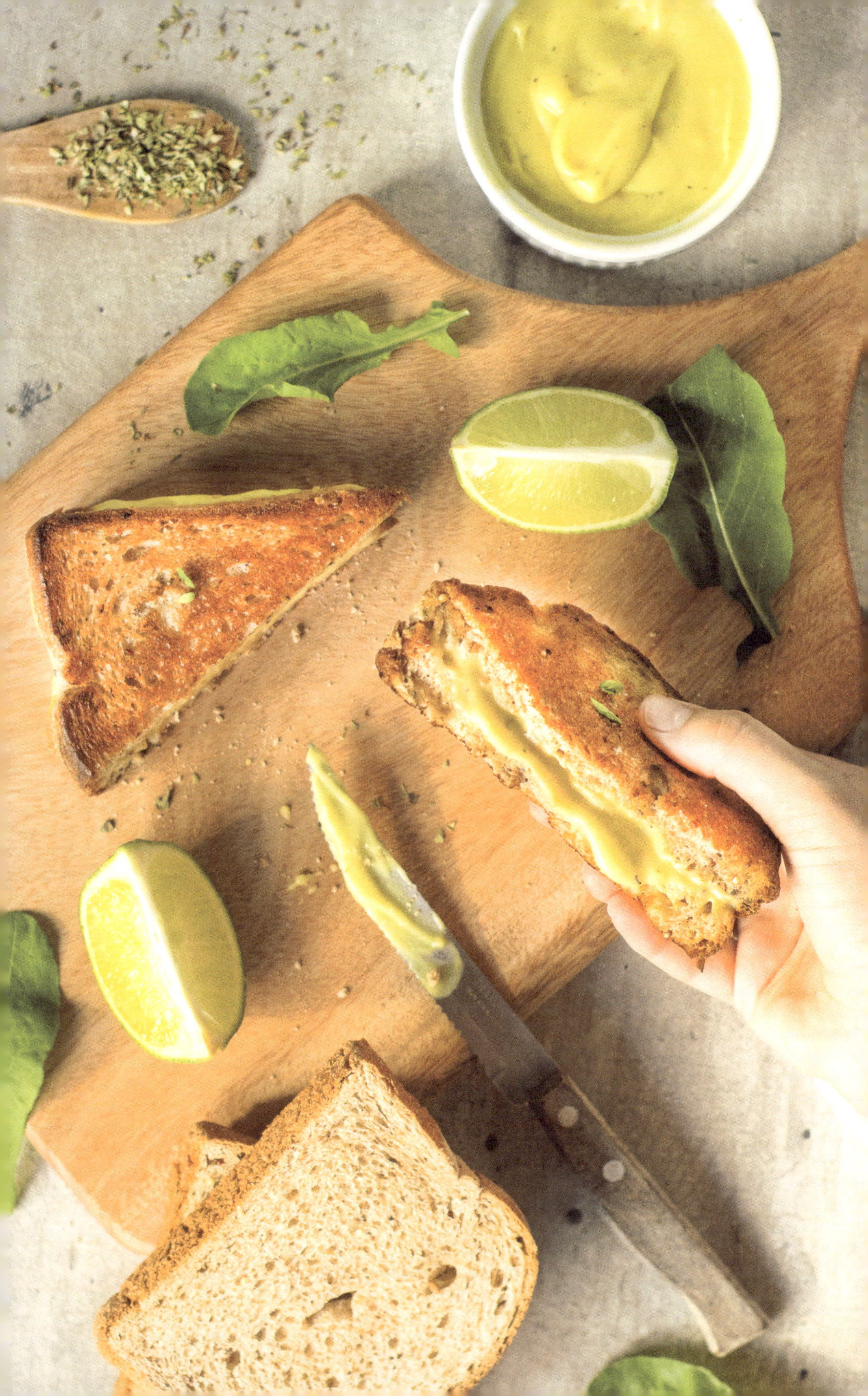

MANTEIGA DE AZEITE

Ingredientes:

- ½ xícara de azeite
- Sal

Modo de preparo:

Coloque o azeite em um pote pequeno de vidro com tampa, junte uma pitada de sal e leve à geladeira até endurecer.

Importante: ela não pode ficar fora da geladeira por muito tempo.

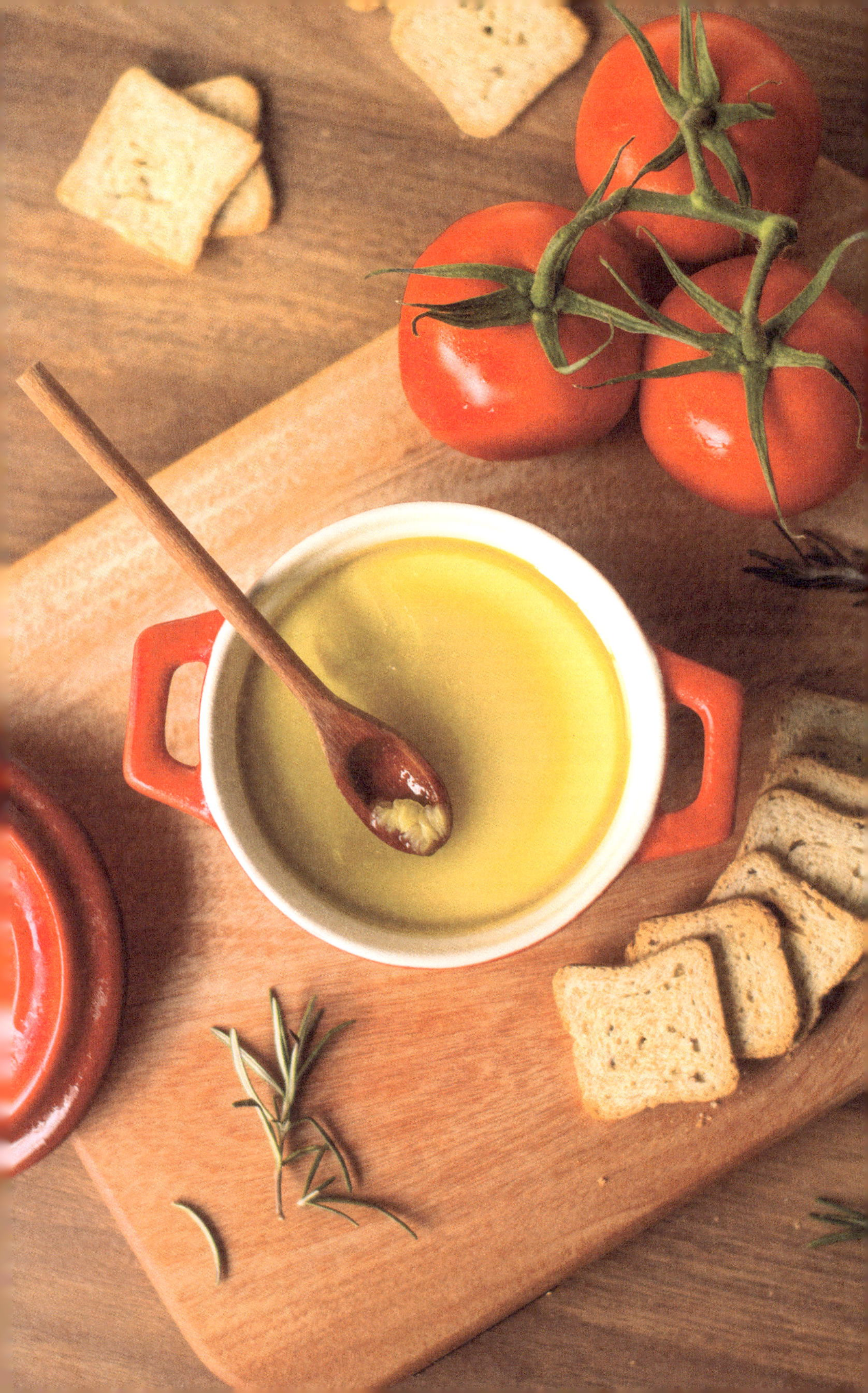

TAPIOCA VERDE

Ingredientes:

- 80 g de goma pronta para tapioca
- Um punhado de coentro, salsinha e cebolinha
- Sal

Modo de preparo:

Deixe uma frigideira esquentando em fogo baixo. Pique todos os temperos frescos e, em seguida, misture a goma de tapioca com os temperos em uma cumbuca. Coloque a mistura na frigideira e deixe até o primeiro lado criar uma camada fina crocante. Depois, vire do outro lado e deixe por mais alguns segundos. Recheie como quiser!

Sugestão: coma pura, apenas com a manteiga de azeite.

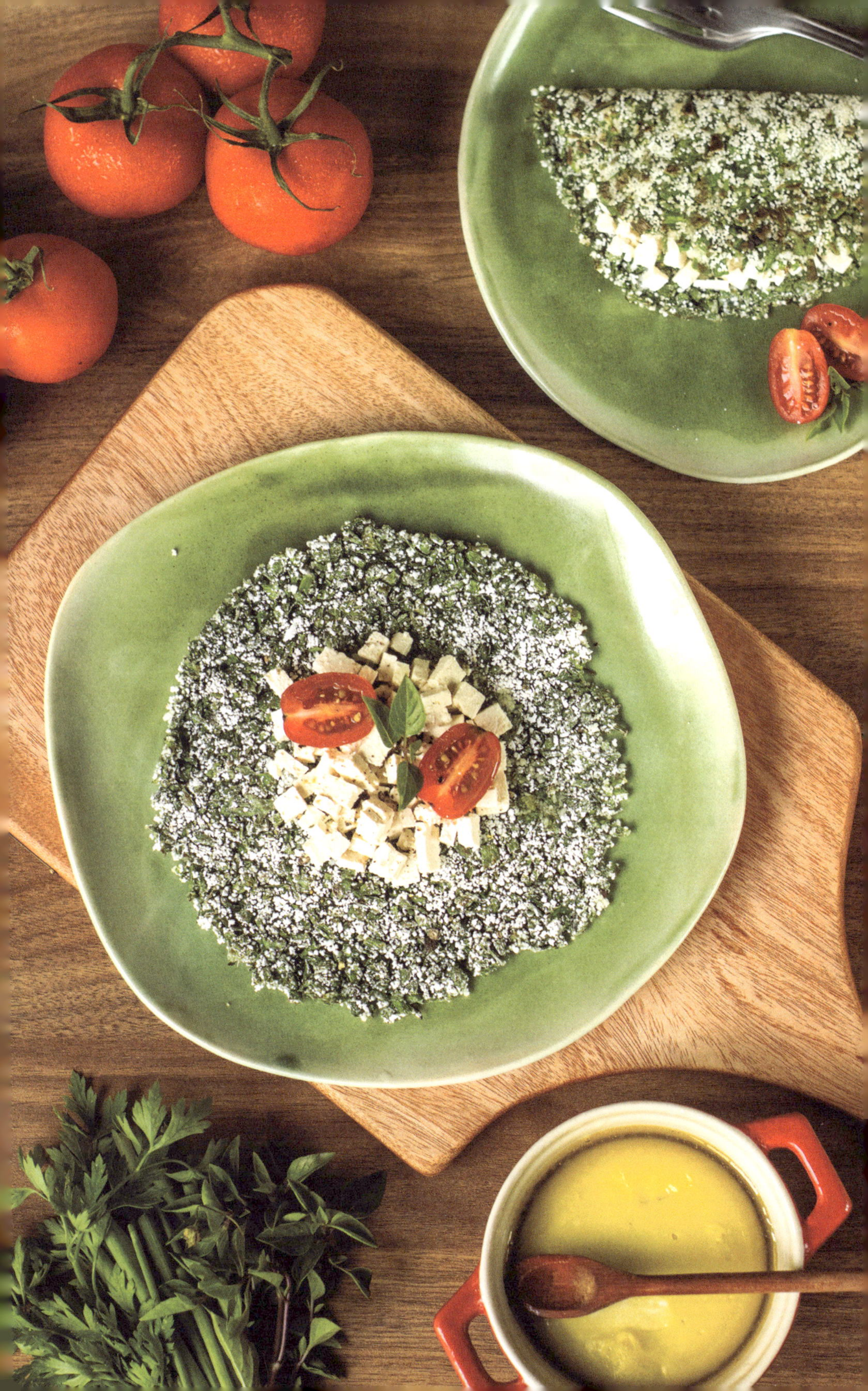

MAÇÃ CARAMELIZADA

Ingredientes:

- 1 maçã
- 4 colheres de sopa de açúcar mascavo
- 1 pitada de canela
- Gotinhas de limão

Modo de preparo:

Pique a maçã em fatias finas (preservando a casca). Depois, pingue algumas gotinhas de limão nas fatias.

Em uma frigideira, derreta o açúcar; depois, adicione as maçãs e deixe-as em fogo baixo até amolecerem e até o açúcar chegar ao ponto de caramelo. Sirva com um pouco de canela em pó.

Importante: assim que o caramelo ficar dourado, desligue o fogo e transfira o conteúdo para o prato.

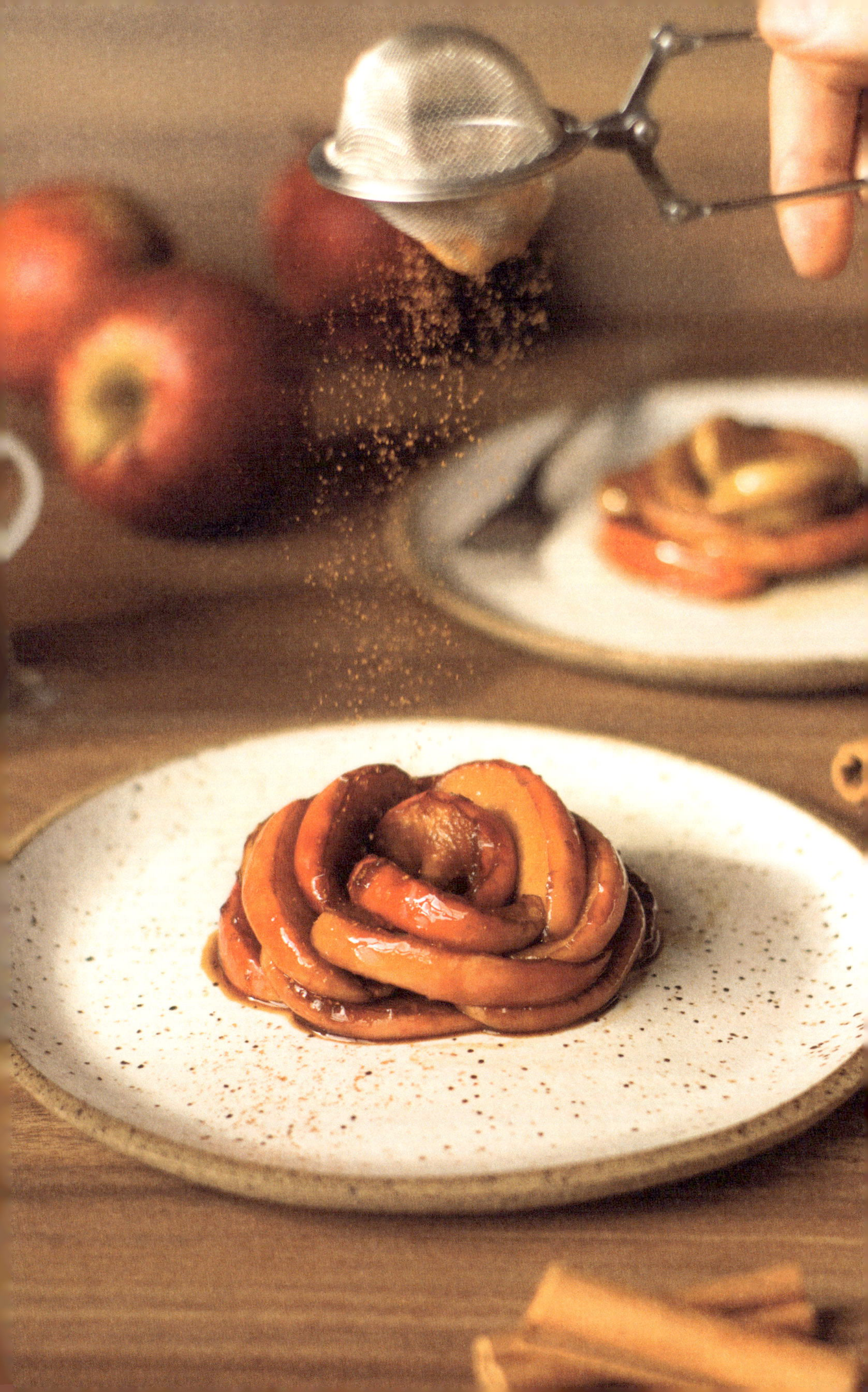

PFs VEGANOS

Ouso dizer que o PF (prato-feito) é um orgulho nacional, que, graças a "Jeovegan", é facinho de veganizar.

INSPIRAÇÕES DE REFEIÇÕES COMPLETAS VEGANAS
- Arroz, feijão, salada e batata frita.
- Polenta com ragu de soja, tomate e salada de rúcula.
- Grãomelete recheado de ricota de tofu com espinafre e arroz com brócolis.
- Tutu de feijão com mandioca frita, arroz e farofa de banana.
- Pirão de legumes, arroz com lentilha e cenoura e farofa de couve.

ARROZ, FEIJÃO, SALADA
E BATATA FRITA

POLENTA COM RAGU
DE SOJA, TOMATE
E SALADA DE RÚCULA

GRÃOMELETE RECHEADO
DE RICOTA DE TOFU COM
ESPINAFRE E ARROZ
COM BRÓCOLIS

TUTU DE FEIJÃO COM MANDIOCA FRITA, ARROZ E FAROFA DE BANANA

PIRÃO DE LEGUMES, ARROZ COM LENTILHA E CENOURA E FAROFA DE COUVE

LANCHÃO VEGANO DELAS

Aqui em São Paulo, lanche é sinônimo de sanduíche, então fique tranquilo se você é paulista, porque vai ter isso também. A real é que aqui vão algumas receitas para quando bate aquela larica de fim de tarde.

BOLINHO DE ESPINAFRE

Ingredientes:

- 1 maço de espinafre
- 1 punhado de cheiro-verde (salsinha e cebolinha)
- 3 dentes de alho ralados
- 1 pedaço pequeno de gengibre ralado
- 1 colher de chá de sal
- Suco de 1 limão
- Farinha de arroz (ou trigo) até dar o ponto
- Óleo para fritar

Modo de preparo:

Pique bem as folhas de espinafre e o cheiro-verde. Em seguida, em uma tigela, adicione o espinafre, o cheiro-verde, o alho, o gengibre e o sal. Misture bem com as mãos (o calor das mãos é importante nessa etapa) e deixe descansar e amolecer por quinze minutos. Depois disso, adicione o suco de limão. Adicione farinha bem aos poucos, sempre misturando com as mãos, até chegar ao ponto de moldar as bolinhas – é importante que você use o mínimo possível de farinha, para não perder a suculência. Por fim, frite em óleo quente e deixe escorrer um uma grade ou papel-toalha.

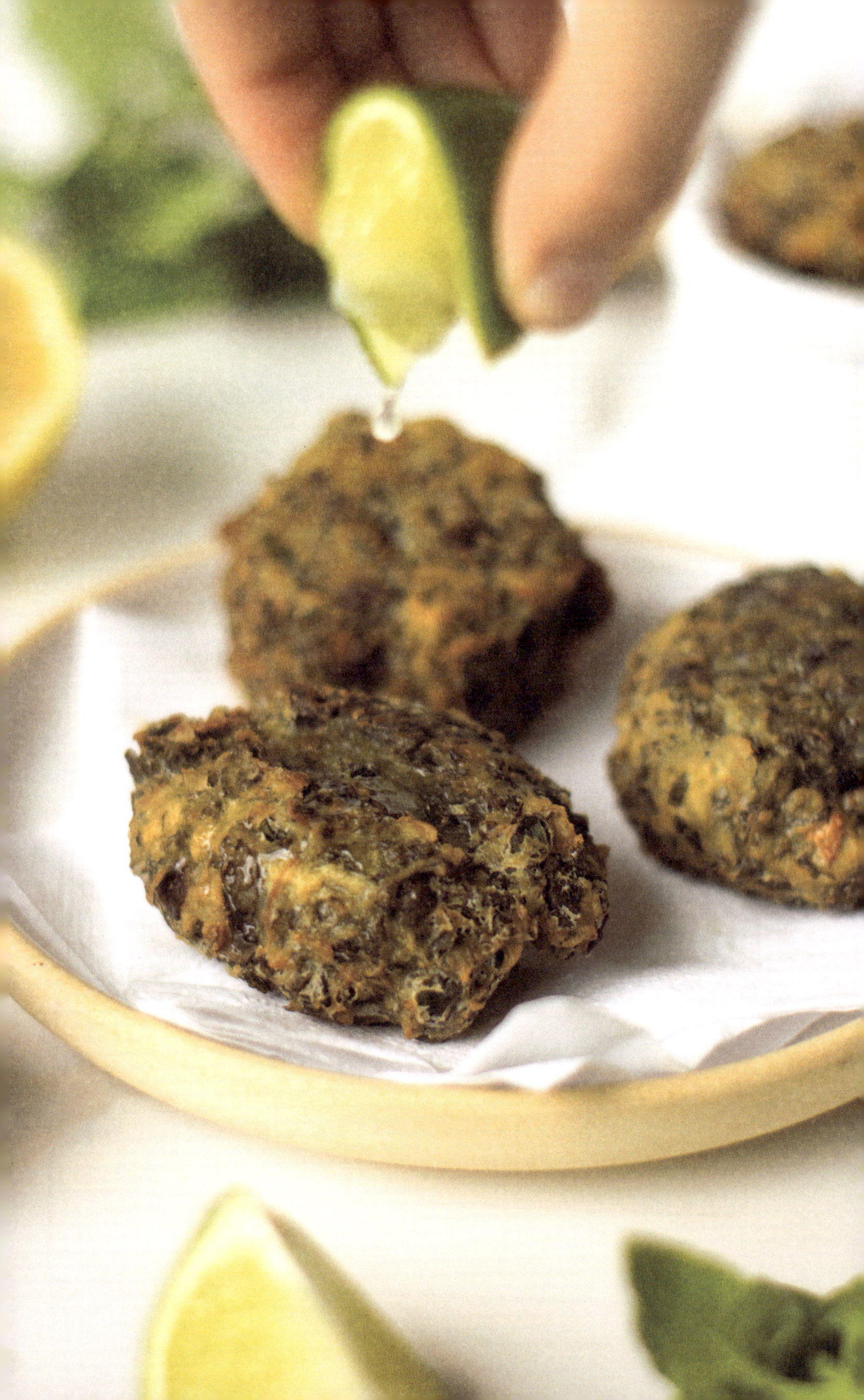

SANDUÍCHE NATURAL VEGANO

Ingredientes:

- ½ abacate
- 1 dente de alho
- Suco de 1 limão
- 2 colheres de sopa de azeite
- ½ cenoura
- Azeitona a gosto
- 1 colher de sopa de milho
- Cheiro-verde a gosto
- Sal a gosto
- Pimenta-do-reino a gosto
- 2 folhas de alface

Modo de preparo:

Comece pela maionese de abacate. Bata no liquidificador o abacate, com azeite, alho, suco de limão, sal e pimenta-do-reino. Adicione um pouquinho de água, caso seja necessário. O ponto é o mesmo da maionese tradicional. Depois disso, rale a cenoura e pique as azeitonas. Misture em uma tigela a maionese de abacate, o milho, a cenoura e as azeitonas, e finalize com cheiro-verde picadinho e misture bem. Recheie o seu pão com essa mistura e algumas folhas de alface.

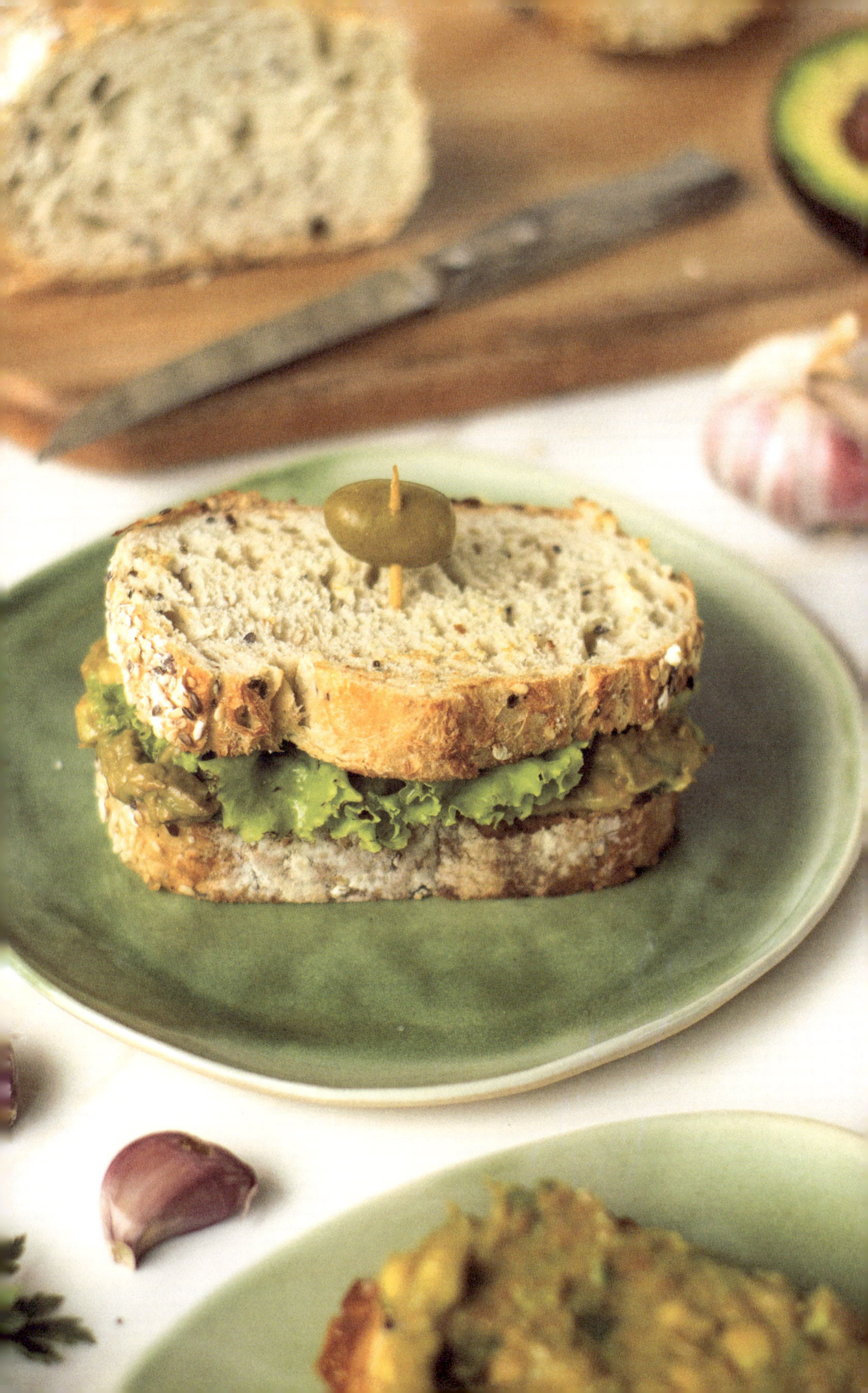

DRINK DE CAFÉ COM LARANJA

Ingredientes:

- Suco de 6 laranjas
- 1 xícara de café já gelado
- ½ xícara de gelo
- Açúcar a gosto

Modo de preparo:

Bata no liquidificador o café com o suco de laranja, o gelo e o açúcar até ficar uma bebida cremosa e aveludada.

Importante: se o café estiver quente, adicione mais gelo.

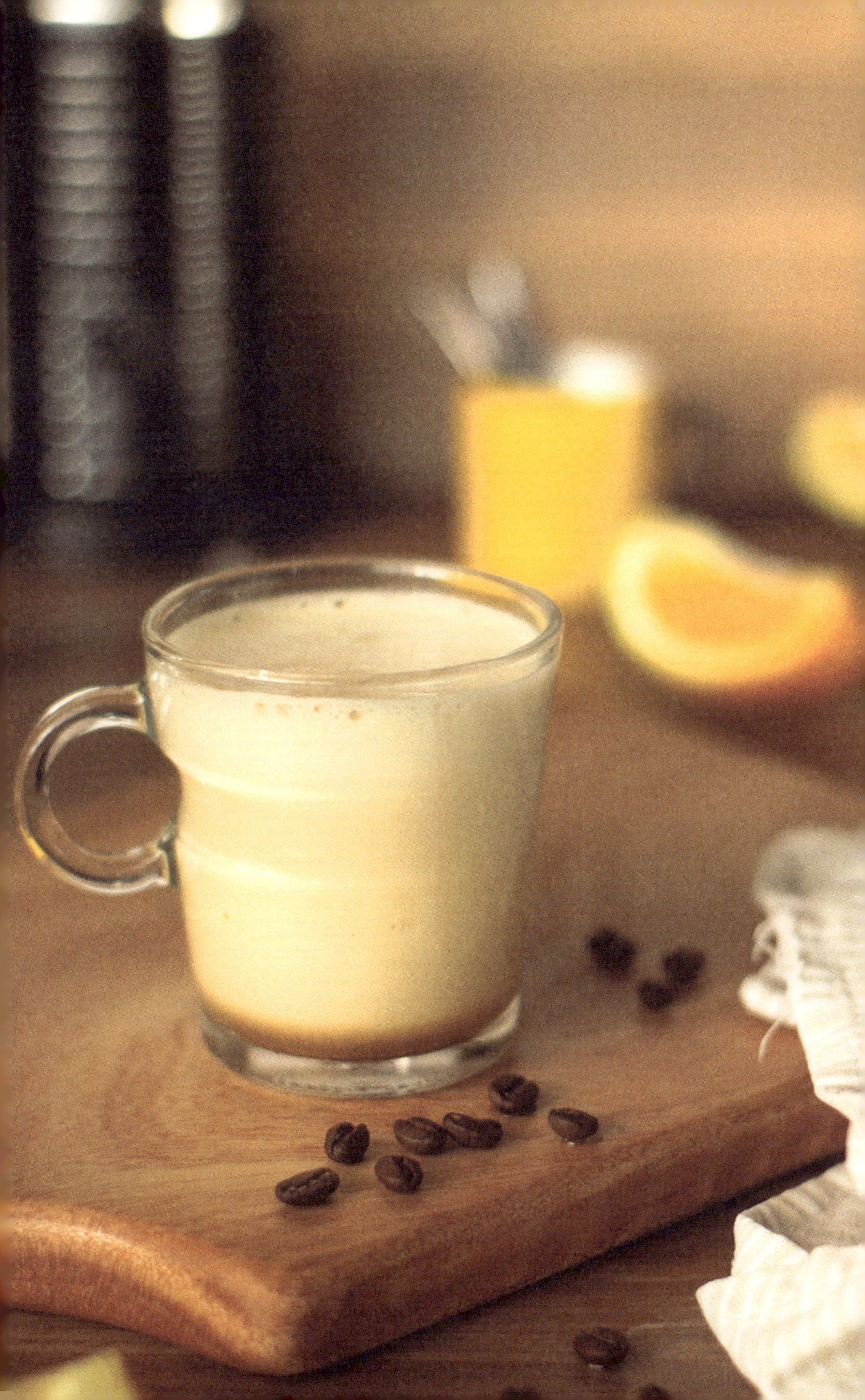

PIPOCA DOCE

Ingredientes:

- ½ xícara de milho de pipoca
- 1 colher de sopa de óleo
- 1 pitada de sal
- ½ xícara de açúcar demerara

Modo de preparo:

Adicione o óleo e o milho de pipoca em uma panela grande, em que caiba a pipoca já estourada. Deixe estourar por completo e reserve. Em fogo baixo, na mesma panela, adicione o açúcar e deixe derreter, e depois junte a pipoca e misture até que todas estejam douradas e caramelizadas. Finalize com uma pitada de sal.

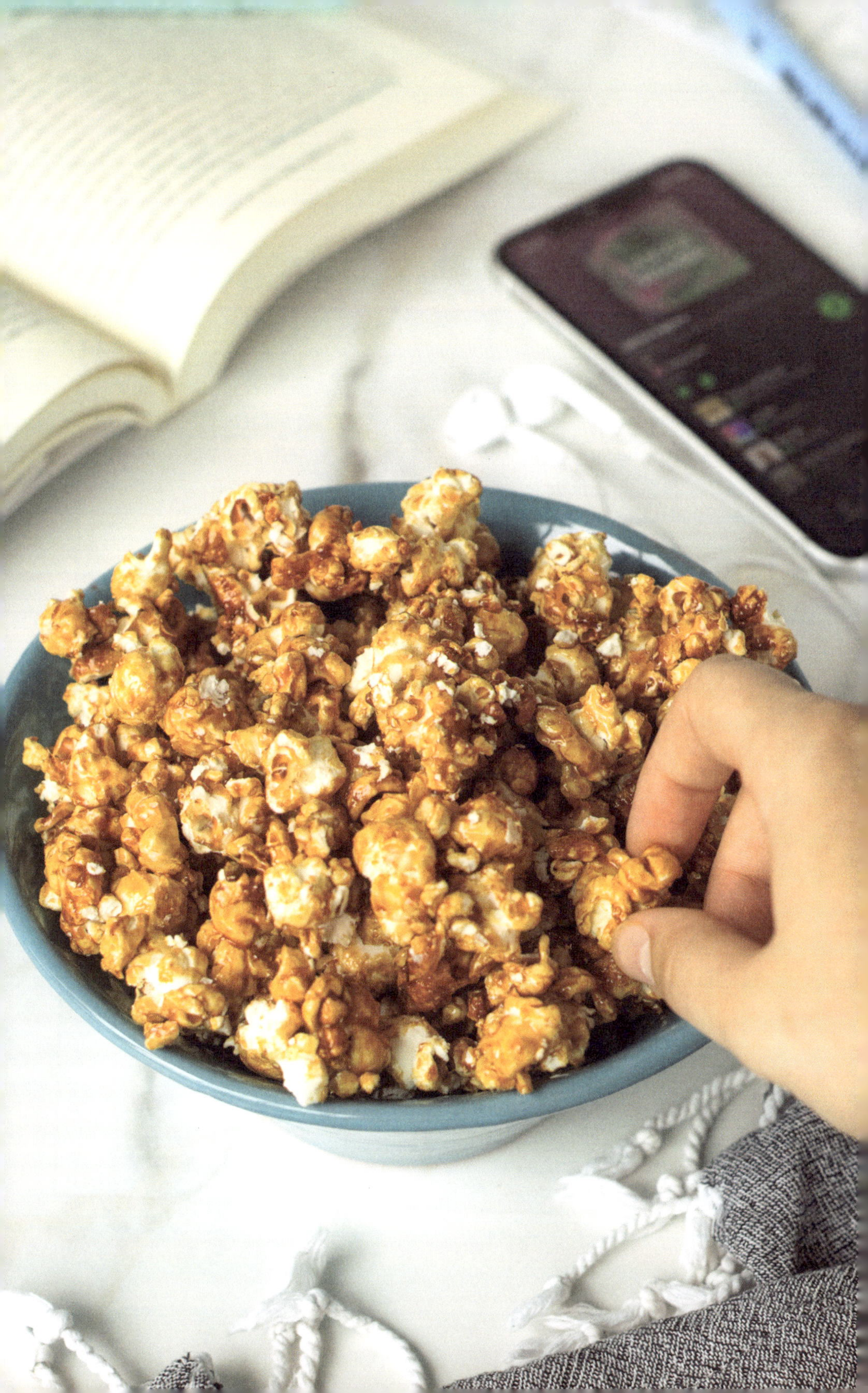

PEIXINHO-DA-HORTA EMPANADO

Ingredientes:

- 15 folhas de peixinho-da-horta
- 1 xícara de farinha de fubá
- 1 xícara de farinha de arroz (ou trigo)
- 1 colher de café de fermento químico
- Sal a gosto
- Óleo para fritar
- Temperos a gosto (eu uso páprica defumada e pimenta-do-reino)
- Coentro a gosto
- 1 limão

Modo de preparo:

Misture a farinha de arroz (ou trigo) com o fermento químico, uma pitada de sal e água até chegar ao ponto de panqueca (bem lisinha e um pouco líquida). Use um *fouet* para misturar e ficar homogênea. Para empanar, tempere o fubá com os temperos que quiser (eu gosto de usar páprica, sal e pimenta-do-reino). Em seguida, é só mergulhar a folha de peixinho-da-horta inteira (inclusive o cabinho) na mistura molhada e, depois, passar na mistura seca. Frite em óleo quente até que ela fique bem douradinha e crocante. Depois, deixe escorrer em uma grade ou no papel-toalha. Sirva com limão e coentro.

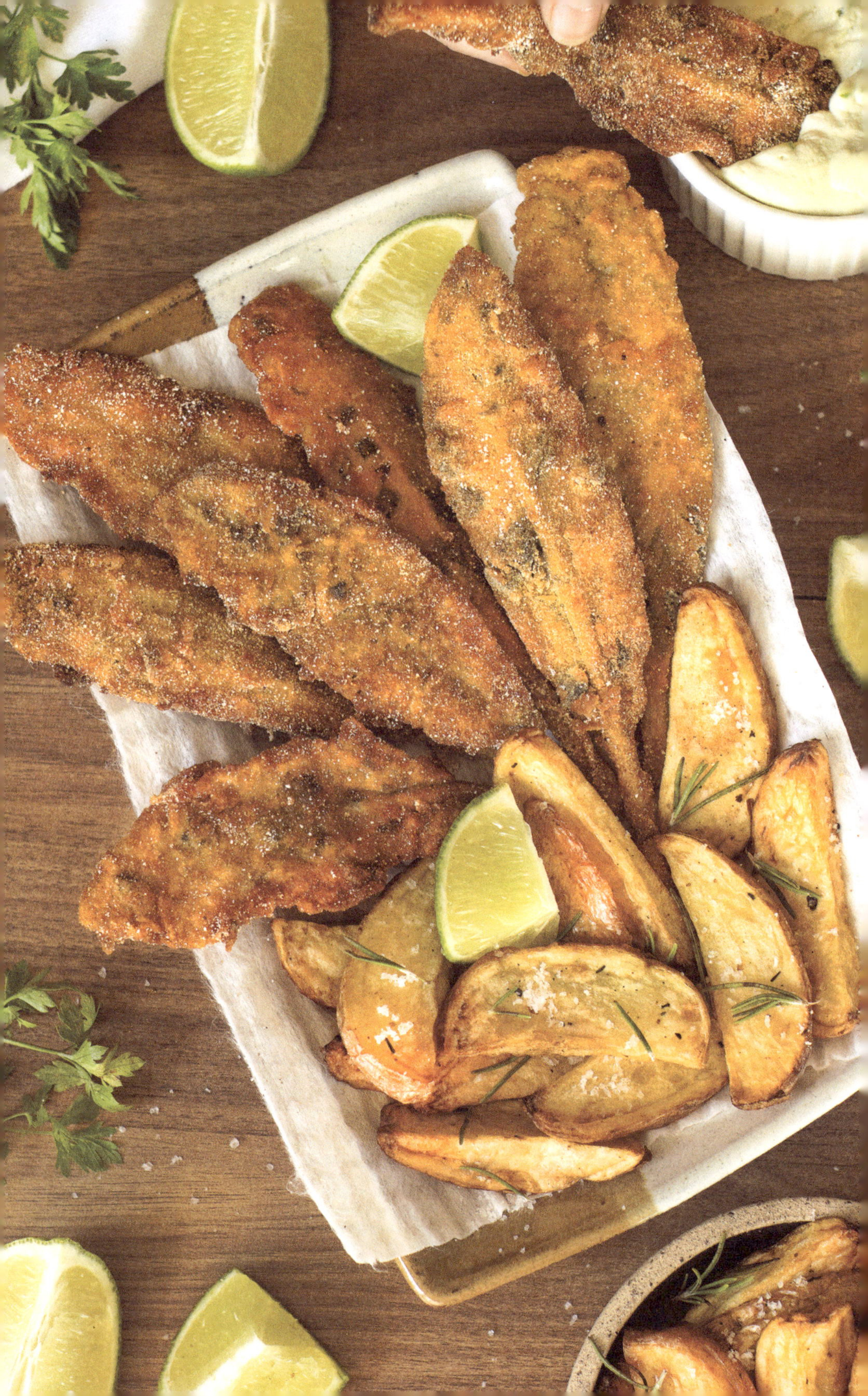

LARICA DE ONTEM

A famosa larica com os restinhos de ontem, aquela que te transforma na fada da criatividade.

TORTA DE LIQUIDIFICADOR COM O ARROZ DE ONTEM

Ingredientes:
- 1 xícara de arroz cozido
- 1 xícara de farinha de arroz (ou trigo)
- ½ xícara de óleo
- Sal
- Temperos: cúrcuma, orégano e pimenta-do-reino
- 2 xícaras de água (em média)
- 1 colher de sopa de fermento químico
- Recheio: refogado de legumes diversos (milho, abobrinha, azeitonas, tomates etc.)
- Gergelim a gosto

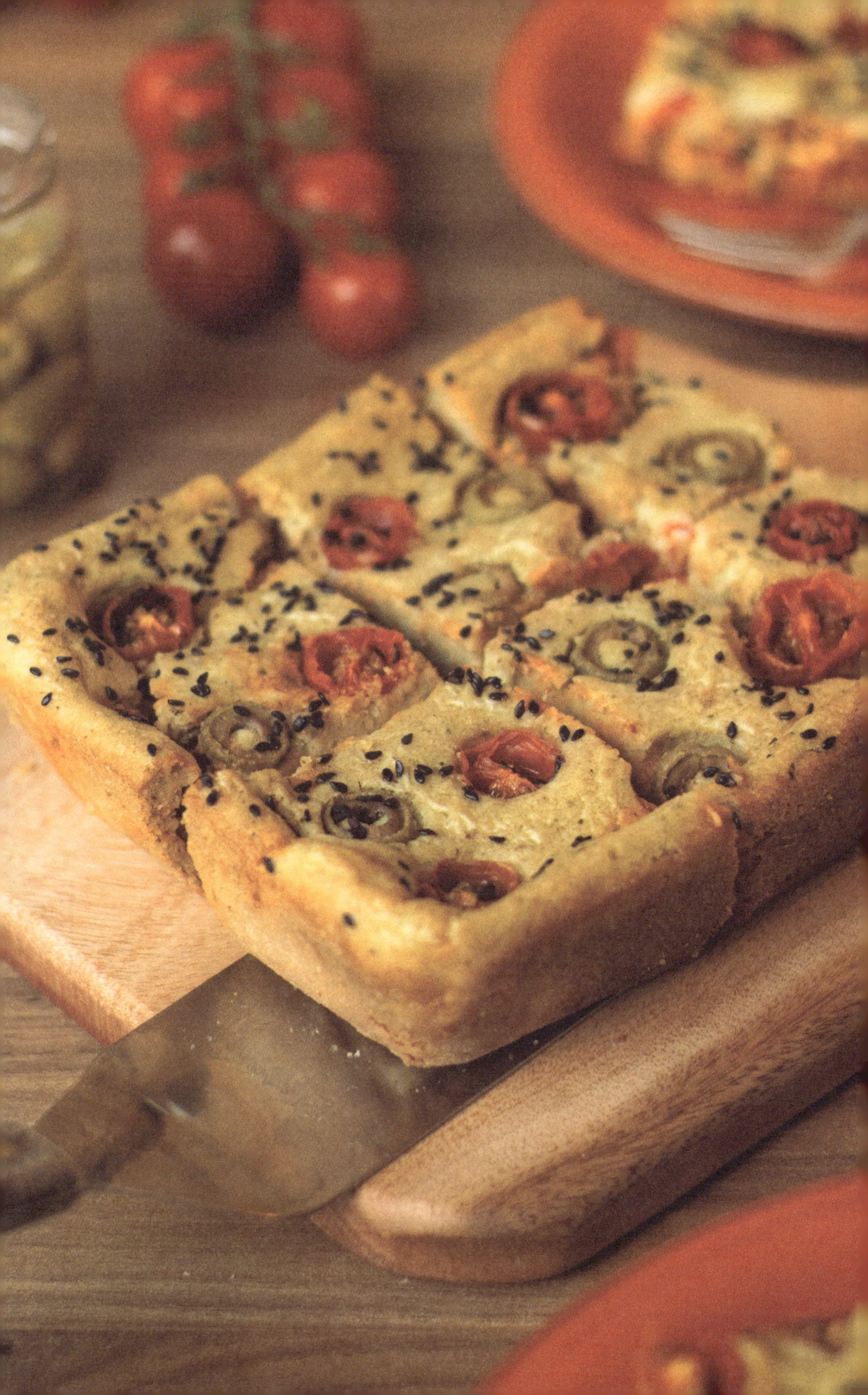

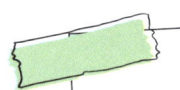

Modo de preparo:

- Adicione o arroz cozido, a farinha, o óleo, os temperos e o sal no liquidificador. Mas atenção: coloque a água aos poucos (a quantidade varia para cada ponto do arroz – cerca de 2 xícaras). Bata tudo até que fique uma massa homogênea e cremosa. Acrescente o fermento e misture delicadamente. Depois disso, transfira metade da massa para uma assadeira untada com óleo e farinha.
- Para o recheio, refogue no azeite, com alho e cebola, os legumes da sua preferência, e adicione bastante tomate ou complemente com um molho de tomate, para ficar bem molhadinho. Recheie a torta e, depois, cubra com a outra metade da massa. Finalize com gergelim para enfeitar e asse no forno preaquecido a 200 °C por cerca de 35 minutos. Espere esfriar para desenformar ou cortar.

BOLINHO DE FEIJÃO DE ONTEM

Ingredientes:

- 1 xícara de feijão lavado
- ½ tomate sem semente
- ½ pimentão refogado
- 1 cebola
- 1 colher de sopa de azeite
- 1 colher de sopa de dendê
- Coentro, salsinha e cebolinha a gosto
- Temperos: açafrão em pó, páprica defumada e pimenta-do-reino
- Sal
- 4 dentes de alho
- 3 folhas de couve
- De 4 a 6 colheres de sopa de farinha de mandioca crua
- 1 limão
- Azeite a gosto

Modo de preparo:

Lave bem o feijão já cozido. Com ajuda de uma peneira, mantenha apenas os grãos. Depois, pique a couve bem fininha e refogue no azeite com 1 dente de alho ralado, finalize com sal. Refogue ½ cebola, com o pimentão, 3 dentes de alho, em um pouco de azeite de oliva e azeite de dendê. Em um processador, adicione o feijão, o refogado, ½ cebola ainda crua, o tomate sem semente, o coentro, a cebolinha, a salsinha, sal e os temperos. Processe até ficar uma massa cremosa, mas ainda com um pouco de textura.

Em uma tigela, coloque a massa e adicione aos poucos a farinha de mandioca crua, até dar o ponto de moldar – cerca de 4 colheres de sopa, podendo variar de acordo com o feijão usado. Mas atenção: não exagere na farinha para não perder sua cremosidade. Com as mãos lambuzadas de óleo, molde as bolinhas. Comece fazendo um pequeno círculo, coloque o recheio de couve no centro e feche o bolinho. Em seguida, passe os bolinhos na farinha de mandioca para empanar e frite em óleo quente até dourarem – importante: se o óleo estiver frio, corre o risco de eles se desfazerem. Depois de fritos, deixe escorrer em uma grade ou papel-toalha e sirva com limão espremido e molho de pimenta.

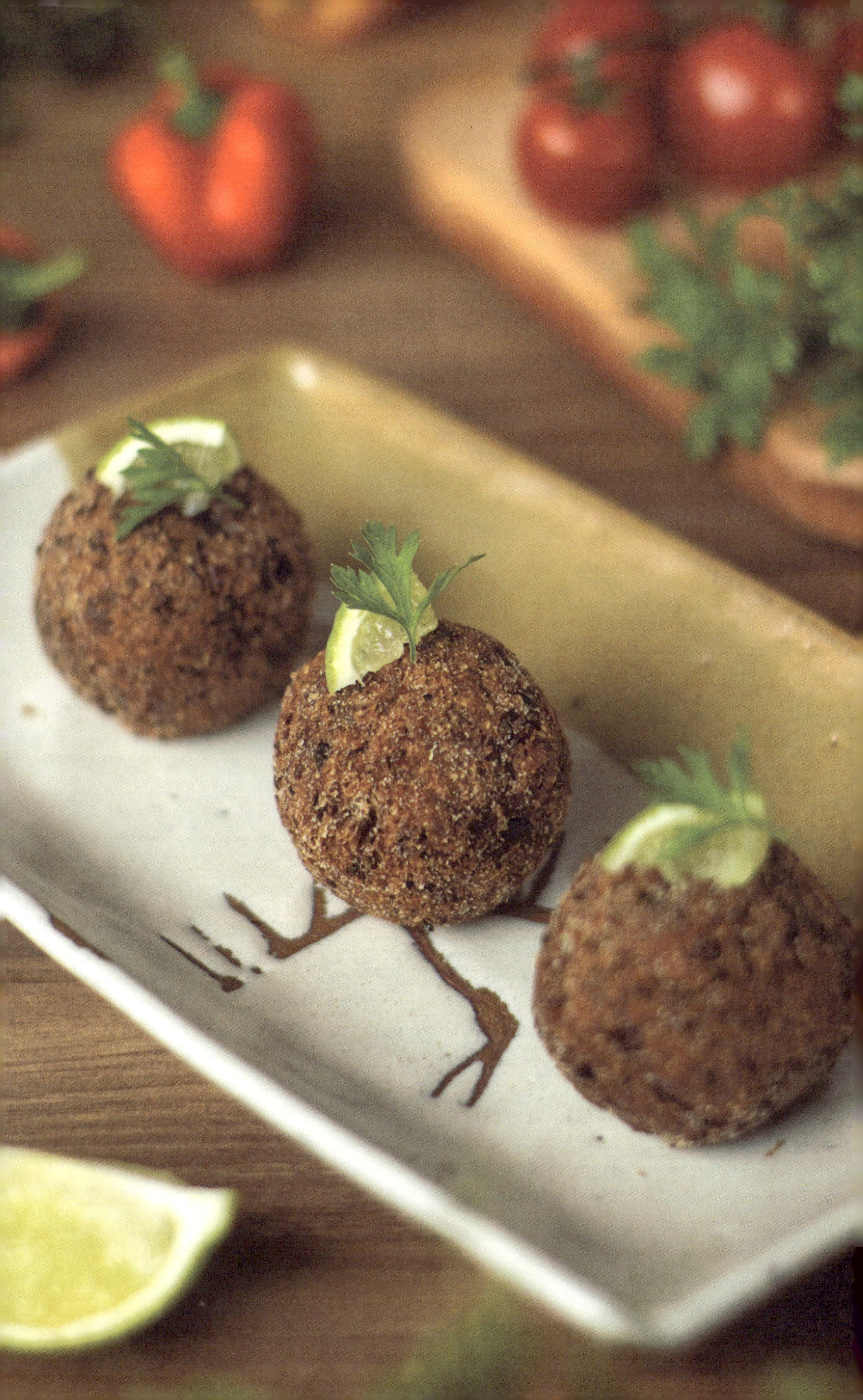

FAROFA DE TALOS DE ONTEM

Ingredientes:

- 1 xícara de farinha de mandioca crua
- Talinhos (pode ser couve, brócolis, alface, couve-flor etc.)
- 4 colheres de sopa de azeite
- Água
- Sal
- Cheiro-verde
- 5 dentes de alho ralados
- Temperos (pimenta-do-reino, páprica defumada e cúrcuma em pó)

Modo de preparo:

Refogue o alho ralado no azeite até que fique quase dourado – cuidado para não queimar! Adicione os talos bem picados, com um pouquinho de água, refogue até amolecerem. Em seguida, adicione a farinha de mandioca e os temperos, e deixe até dourar. Para finalizar, acrescente duas colheres de sopa de água, um fio de azeite, sal e cheiro-verde. Misture bem e sirva.

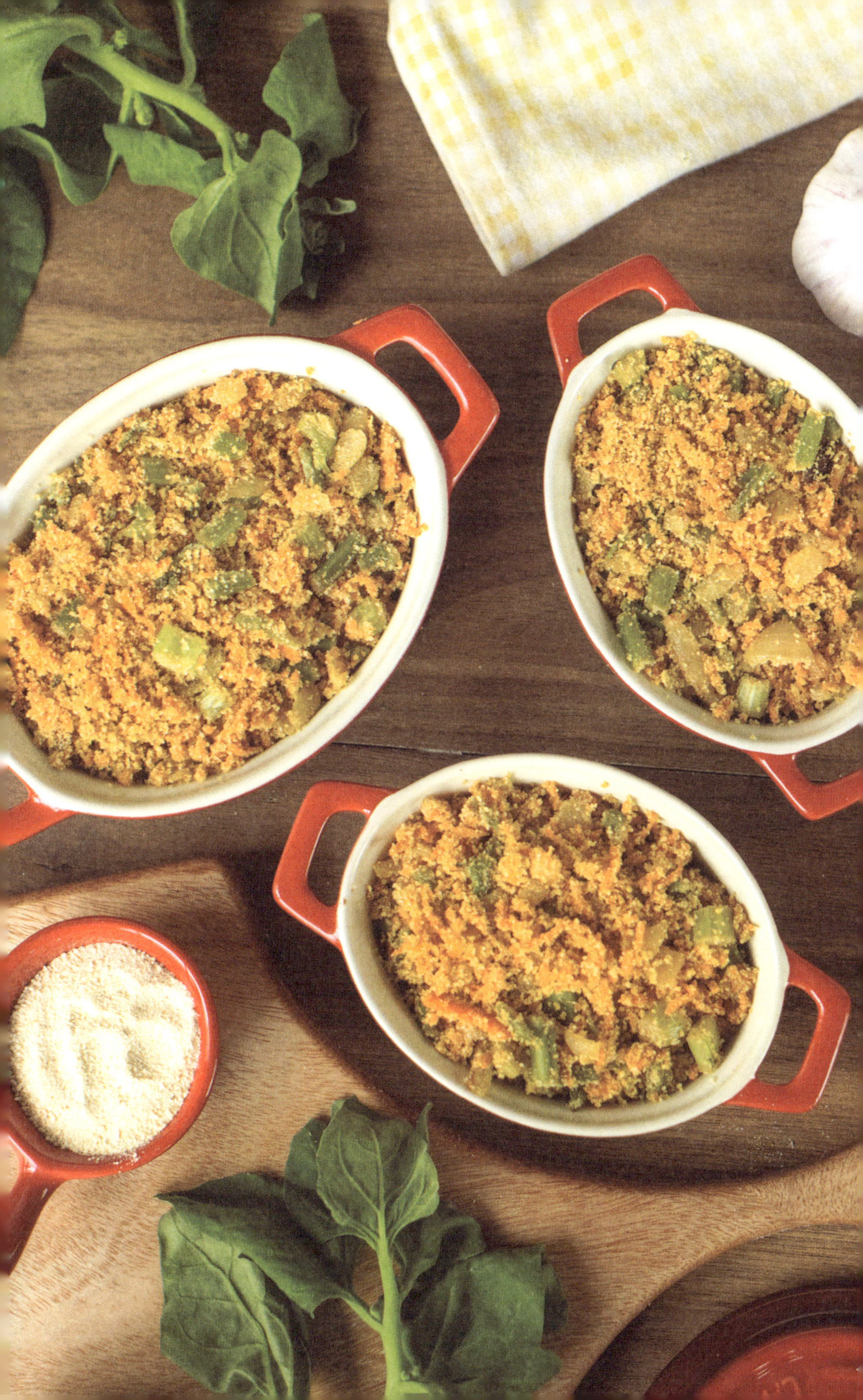

SUCO DE CASCA DE MANGA

Ingredientes:

- Casca de manga
- Água
- Açúcar opcional

Modo de preparo:

Bata no liquidificador a casca da manga com a carne ainda grudada na casca, água e açúcar (opcional). Coe com um voal ou peneira e sirva bem gelado.

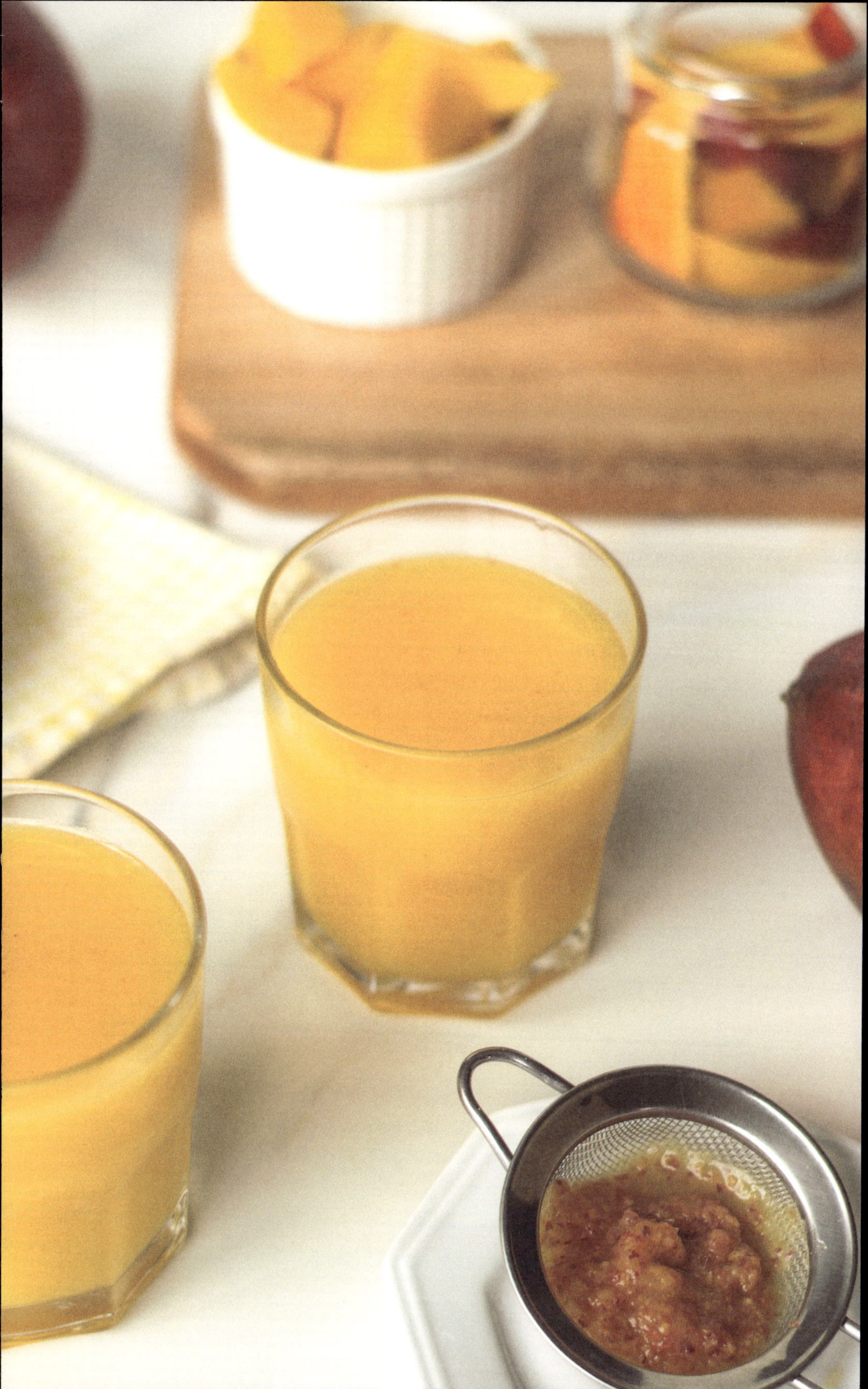

RABANADA COM PÃO DE ONTEM

Ingredientes:

- Pão
- 2 xícaras de leite vegetal
- 1 xícara do açúcar da sua preferência
- Óleo para fritar
- Canela a gosto

Modo de preparo:

Corte os pães em fatias grossas, com os dois lados do miolo aparecendo (pode usar o pão que quiser). Em uma panela, adicione o leite vegetal, o açúcar e deixe até esquentar o leite, e então mergulhe os pães nessa mistura e deixe até eles amolecerem um pouco.

Em uma frigideira, coloque uma fina camada de óleo e frite ambos os lados até caramelizar. Depois, deixe escorrer em uma grade ou papel-toalha. Para finalizar, passe os pães em uma mistura de açúcar com canela.

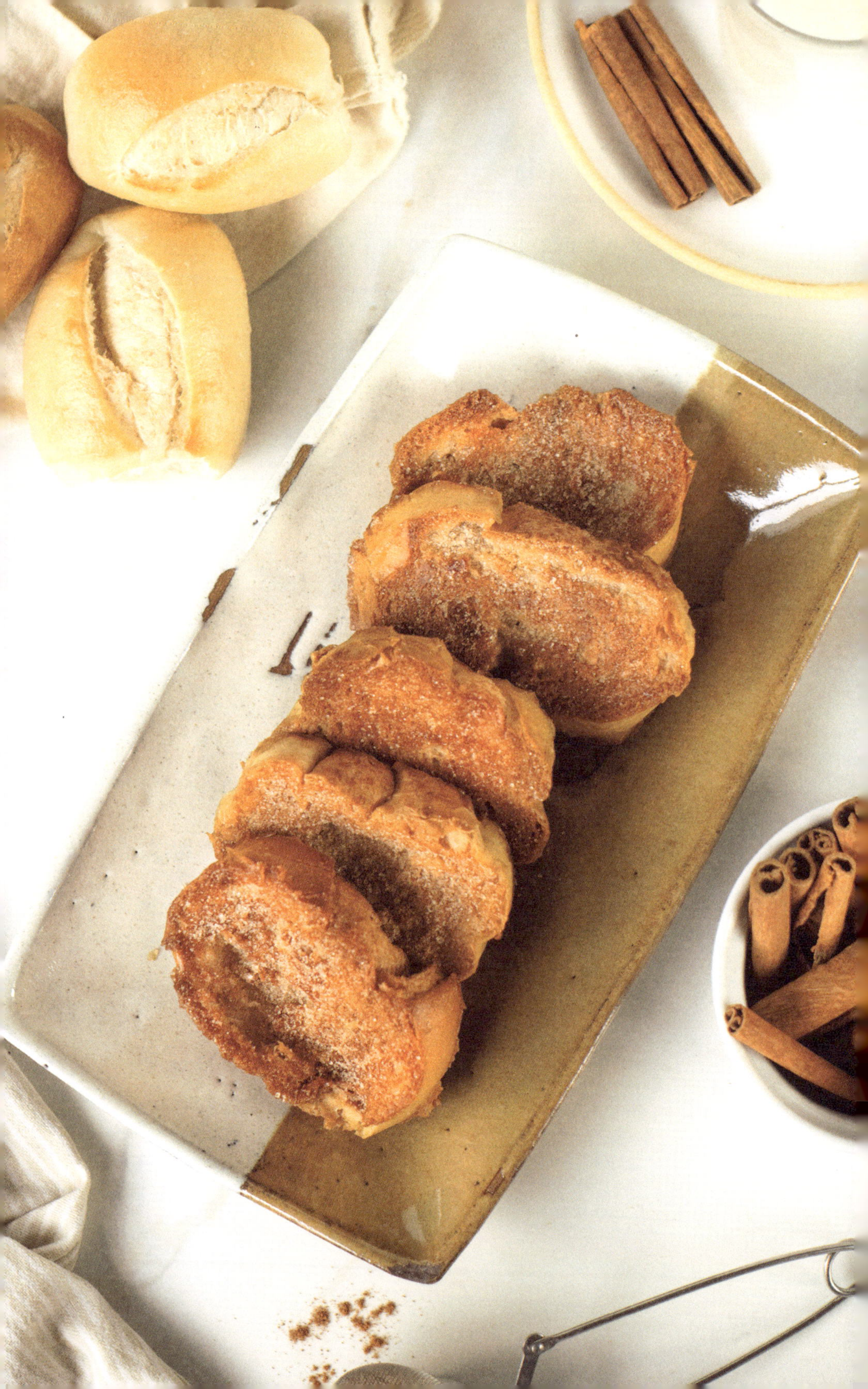

SANTA CEIA VEGANA

Laricas leves para fazer antes de apagar.

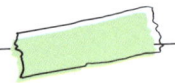

SOPA DE ALHO

Ingredientes:

- 10 dentes de alho
- 1 cebola grande
- 3 batatas grandes
- 1 alho-poró inteiro (inclusive as folhas)
- ¼ de xícara de azeite
- Sal a gosto
- Pimenta-do-reino a gosto
- Levedura nutricional (opcional)
- 2 litros de caldo de legumes
- Noz-moscada a gosto
- Cebolinha a gosto

Modo de preparo:

Corte todos os ingredientes de forma rústica e refogue, no azeite, o alho-poró junto com a cebola até dourar. Adicione sal para acelerar o processo. Depois, junte o alho e deixe até dourar. Adicione as batatas, sal e cubra com caldo de legumes (cerca de 2 litros) – se quiser, pode substituir por água. Deixe cozinhar até que as batatas fiquem molinhas. Bata tudo no liquidificador até ficar uniforme e cremoso, e depois volte o conteúdo para a panela e ferva até ficar aveludado. Finalize com noz-moscada ralada, levedura nutricional (opcional), cebolinha e um fio de azeite.

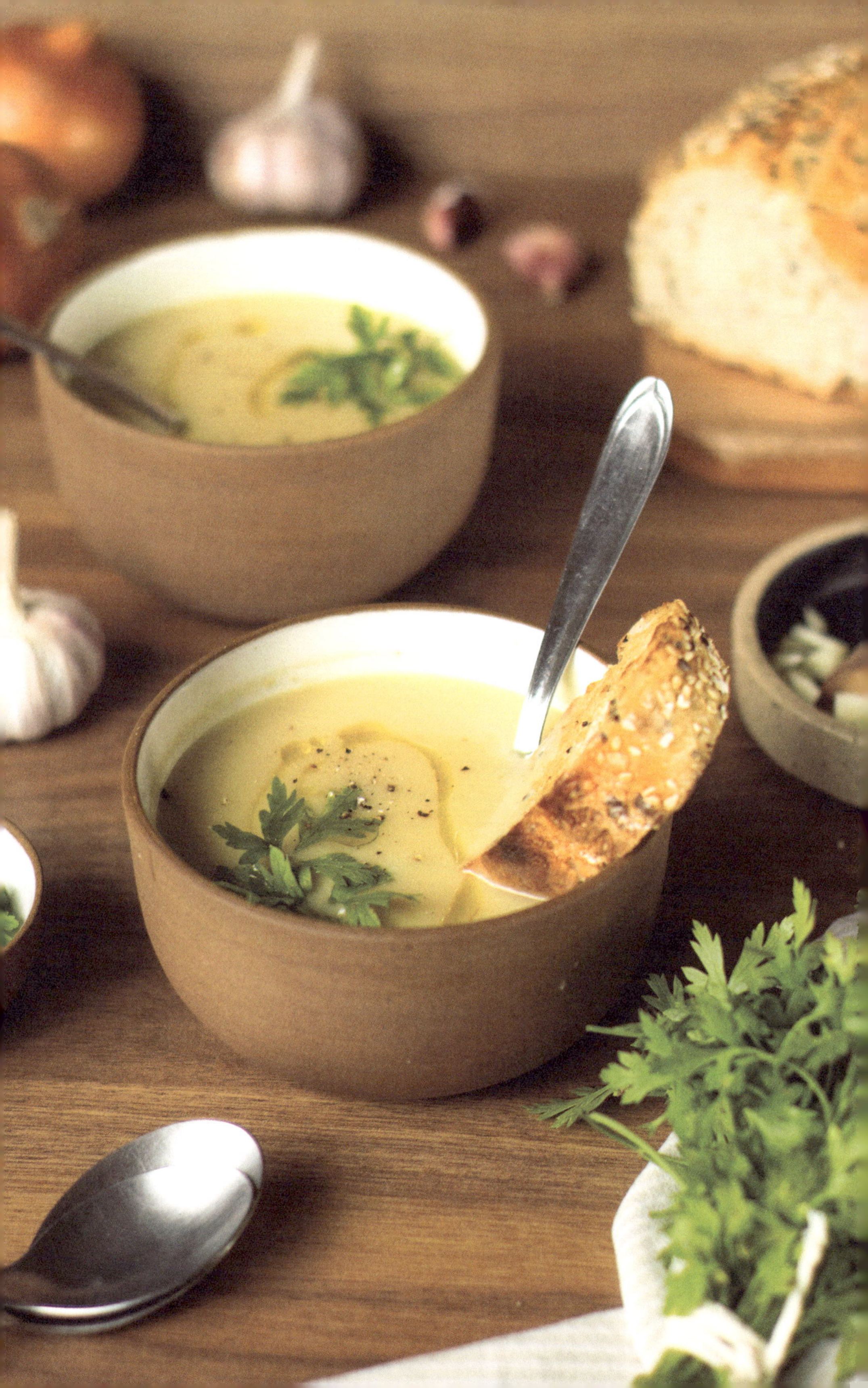

BRUSCHETTA DE TOMATES

Ingredientes:

- 2 tomates
- 1 punhado de manjericão
- 2 dentes de alho
- Orégano a gosto
- Azeite
- Sal
- Pão (cerca de 4 fatias)
- 1 colher de sopa de melado de cana (opcional)

Modo de preparo:

Pique bem os tomates e rale os dentes de alho. Depois, em uma tigela, misture os tomates, com a cebola, o alho e o manjericão fresco. Regue com azeite, adicione sal, pimenta-do-reino e o orégano. Se desejar, acrescente o melado de cana e misture bem. Feito isso, coloque essa mistura em cima dos pães e leve ao forno preaquecido a 180 ºC por aproximadamente 15 minutos, até o pão dourar e os tomates amolecerem.

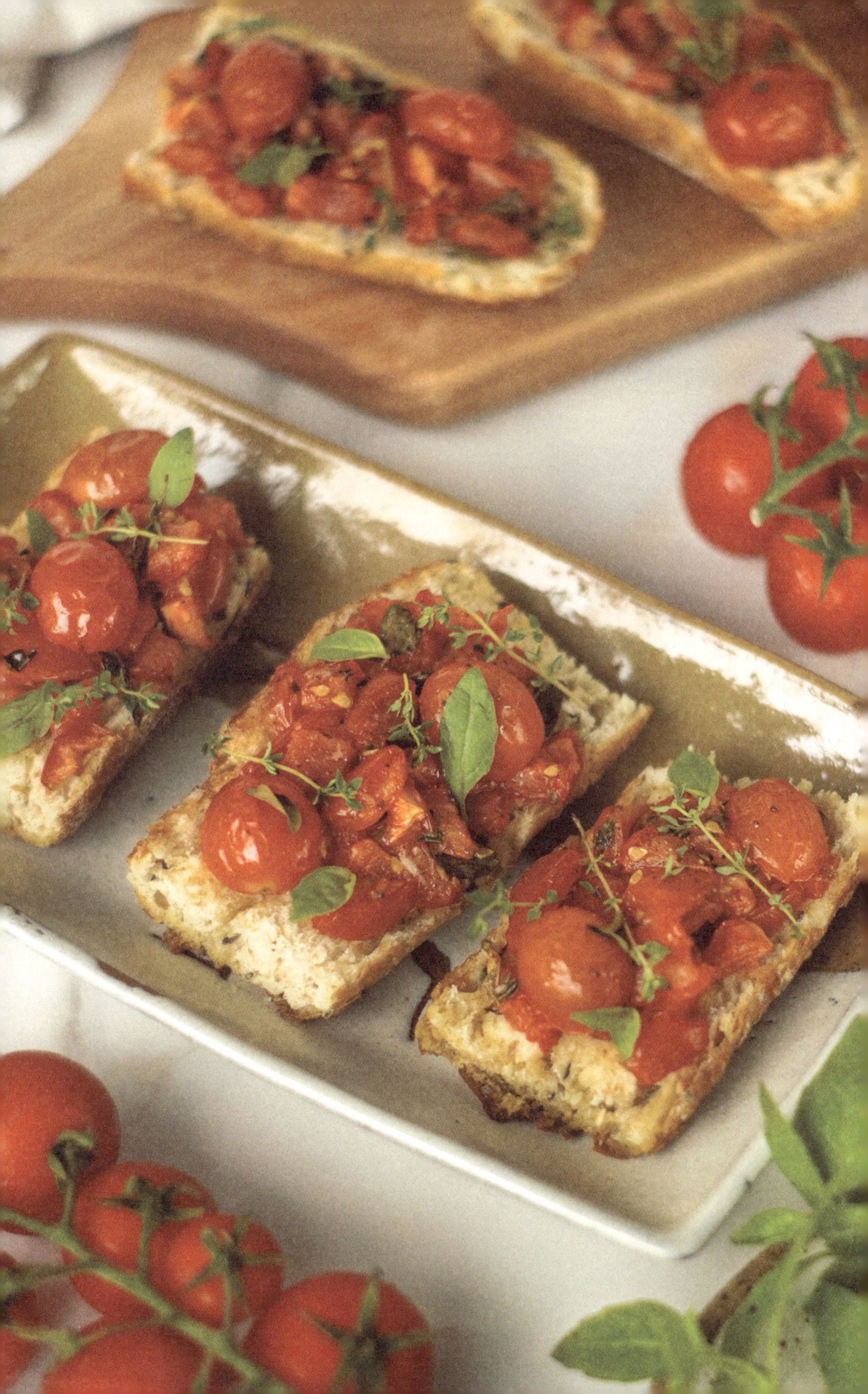

PANQUECA PROTEICA DE LENTILHA

Ingredientes:

- ½ xícara de lentilha demolhada (vermelha ou verde)
- Sal a gosto
- ¼ de xícara de água
- Azeite a gosto

Modo de preparo:

Deixe a lentilha crua de molho por 8 horas, descarte a água e lave bem. Em seguida, bata a lentilha ainda crua (demolhada) no liquidificador com a água e uma pitada de sal, até que fique bem lisinha e uniforme. Unte a frigideira com azeite e deixe dourar dos dois lados. Por fim, recheie como quiser ou coma ela pura.

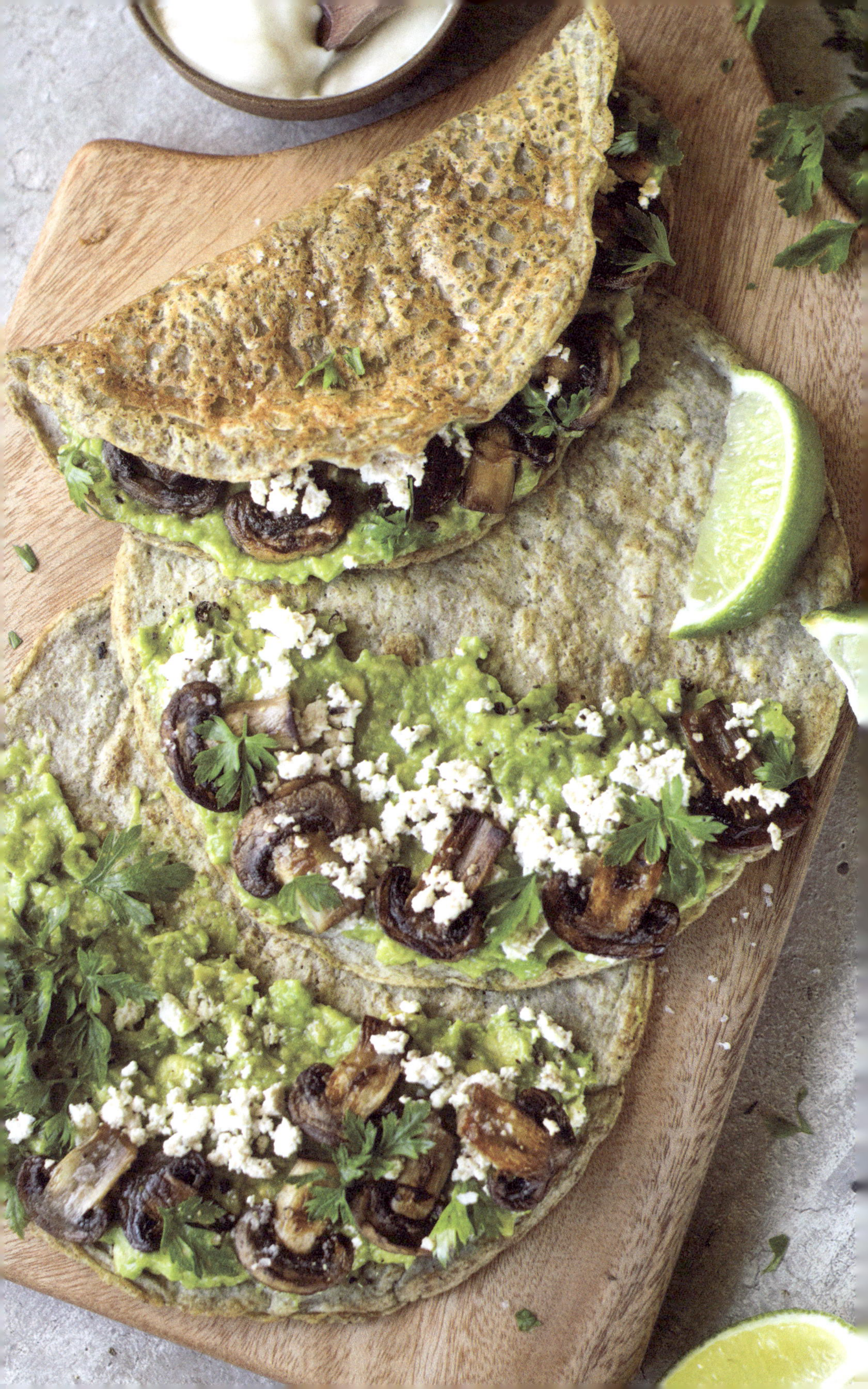

CALDO VERDE

Ingredientes:

- 4 batatas médias
- ½ talo de alho-poró (pode usar as folhas também)
- 7 folhas de couve
- 5 dentes de alho
- 1 cebola grande
- Cheiro-verde a gosto
- Noz-moscada a gosto
- Sal a gosto
- Azeite a gosto

Modo de preparo:

Descasque as batatas e corte-as em cubos médios. Pique também a cebola e os dentes de alho em cubos pequenos, o alho-poró em fatias largas e a couve bem fininha. Em seguida, em uma panela, refogue, no azeite, primeiro a cebola e o alho-poró, até que fiquem bem dourados, quase queimando; então, adicione o alho e deixe dourar – coloque uma boa pitada de sal para acelerar o processo. Depois, adicione as batatas e salgue-as. Preencha com a água até cobrir (cerca de 2 litros) e deixe elas cozinharem até ficarem macias. Bata tudo no liquidificador, até ficar cremoso e homogêneo.

Refogue na mesma panela a couve com azeite e sal. Adicione a sopa e deixe ferver um pouco até ficar verdinha. Se estiver muito espessa, coloque mais água. Sirva com um fio de azeite, noz-moscada ralada e cheiro-verde.

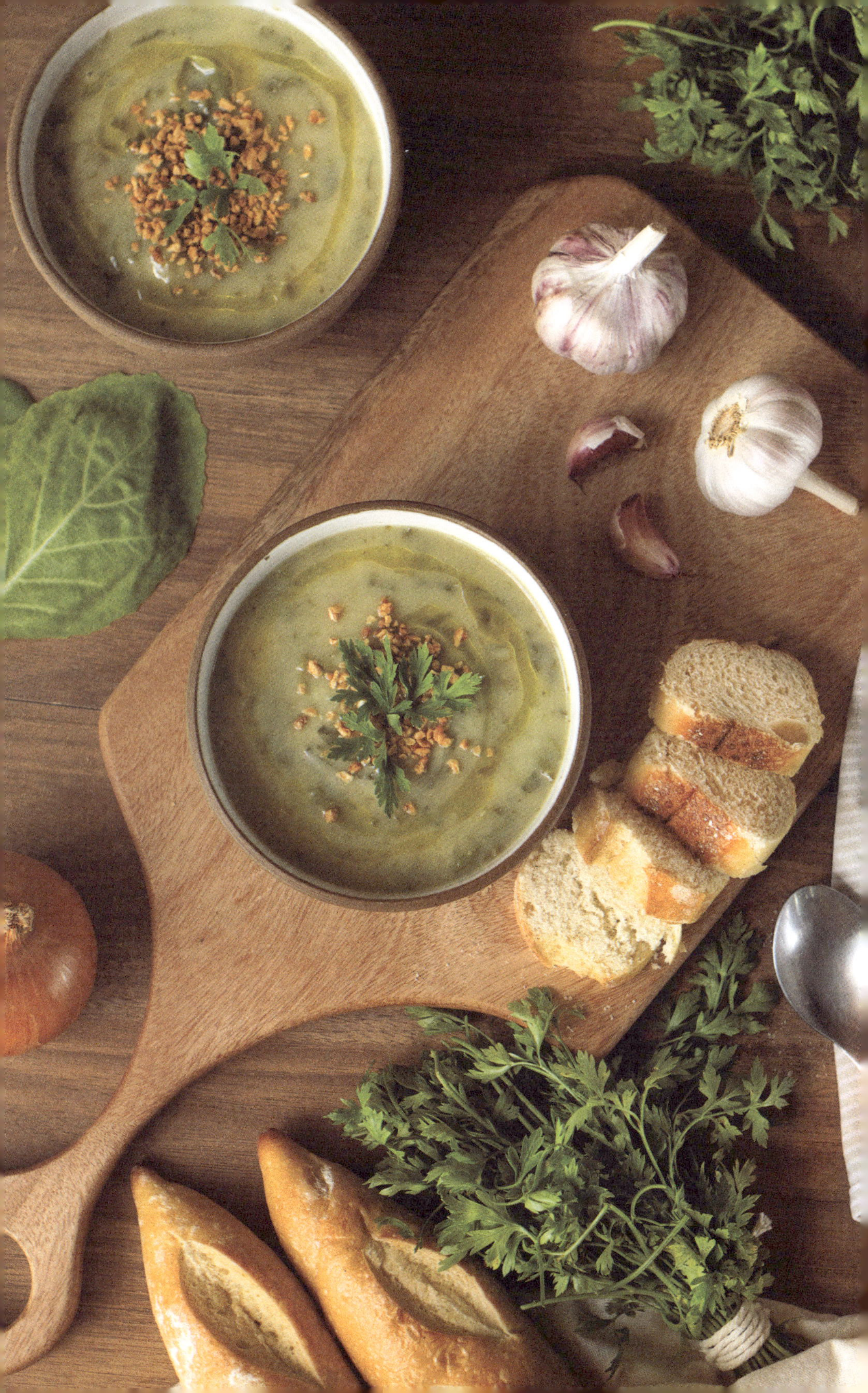

MIOJO NATUREBA

Ingredientes:

- Macarrão bifum (sem glúten) ou cabelinho de anjo (contém glúten)
- Temperos: páprica defumada, cúrcuma, pimenta-do-reino e ervas finas
- ½ inhame
- 1 colher de sopa de levedura nutricional (opcional)
- 3 dentes de alho
- Azeite a gosto
- ½ cebola
- 1 tomate
- ½ limão
- Sal a gosto
- Cheiro-verde (salsinha e cebolinha) a gosto

Modo de preparo:

Coloque o macarrão bifum para cozinhar seguindo as instruções da embalagem e lembre-se de reservar 3 colheres de sopa da água de cozimento. Para o requeijão, cozinhe o inhame descascado até ficar bem molinho. Bata no liquidificador o inhame com 1 colher de sopa de azeite, limão, sal e água aos poucos até chegar ao ponto de requeijão cremoso. Reserve para finalizar a receita.

Rale 2 dentes de alho, a cebola e o tomate. Em uma panela, refogue a cebola e o alho. Depois de dourados, adicione o tomate e deixe reduzir bem até o tomate perder sua acidez. Adicione o macarrão ao refogado, coloque os temperos e um pouco da água do cozimento do próprio macarrão. Finalize com o requeijão de inhame, levedura nutricional (opcional) e bastante cheiro-verde.

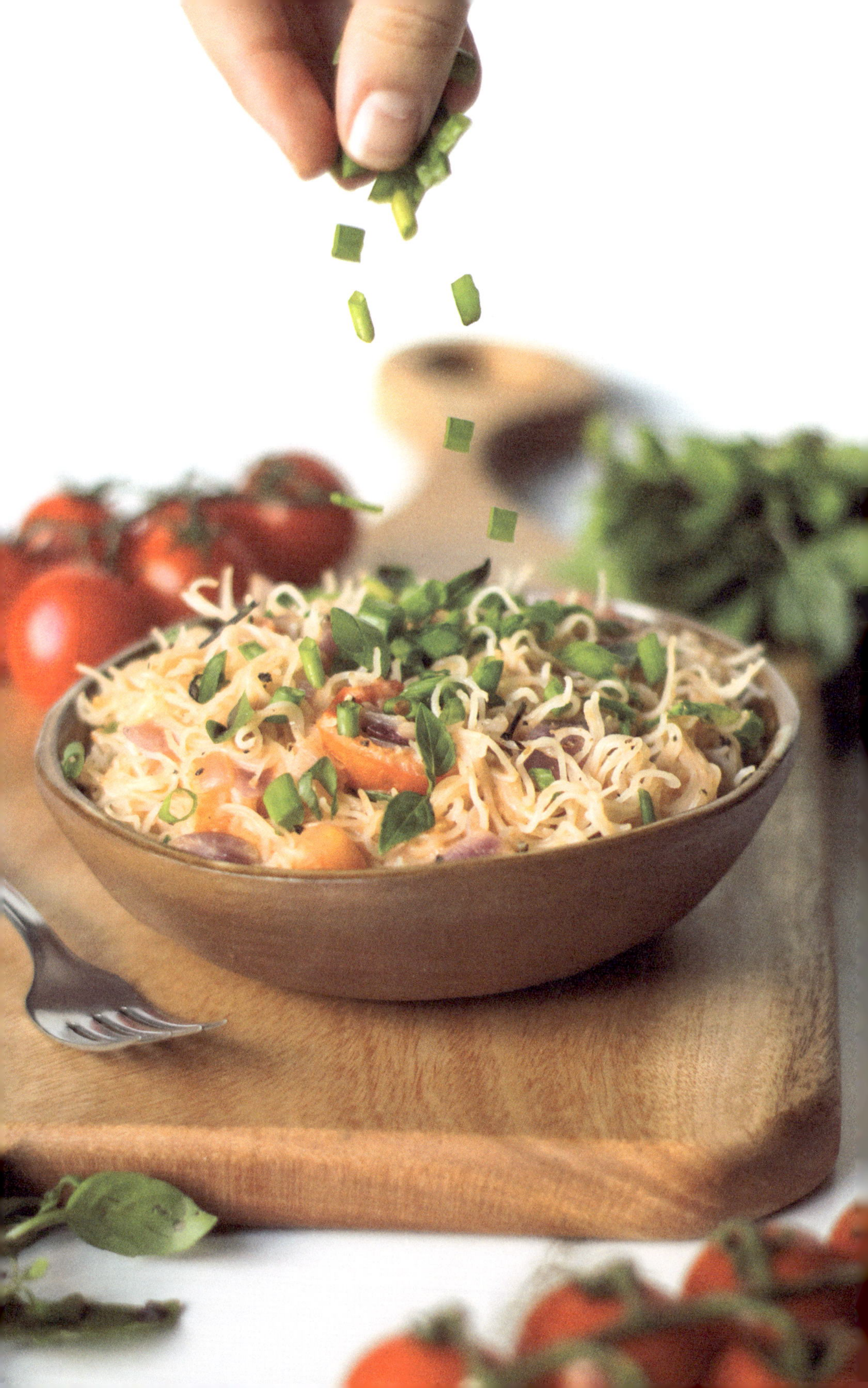

LARICA DE DOCE

Para as formiguinhas lariquentas de plantão.

PANQUECA DE CHOCOLATE SEM GLÚTEN

Ingredientes:

- ½ xícara de farinha de arroz (ou trigo)
- 1 colher de sopa de cacau em pó
- 1 colher de sopa de chia
- 1 colher de sopa de açúcar mascavo
- 1 colher de café de fermento químico
- Água
- Frutas para decorar
- Melado de cana para finalizar

Modo de preparo:

Misture todos os ingredientes secos em uma cumbuca. Adicione água aos poucos e mexa com um *fouet* até atingir a consistência de massa de panqueca (lisinha e um pouco líquida). A quantidade de água depende muito da farinha escolhida. Depois, em uma frigideira antiaderente, untada com óleo de coco ou outro, acrescente a massa. Por cima, coloque algumas frutinhas. Deixe em fogo baixo até formar uma casquinha, depois, vire e deixe o outro lado dourar. Sirva com melado de cana.

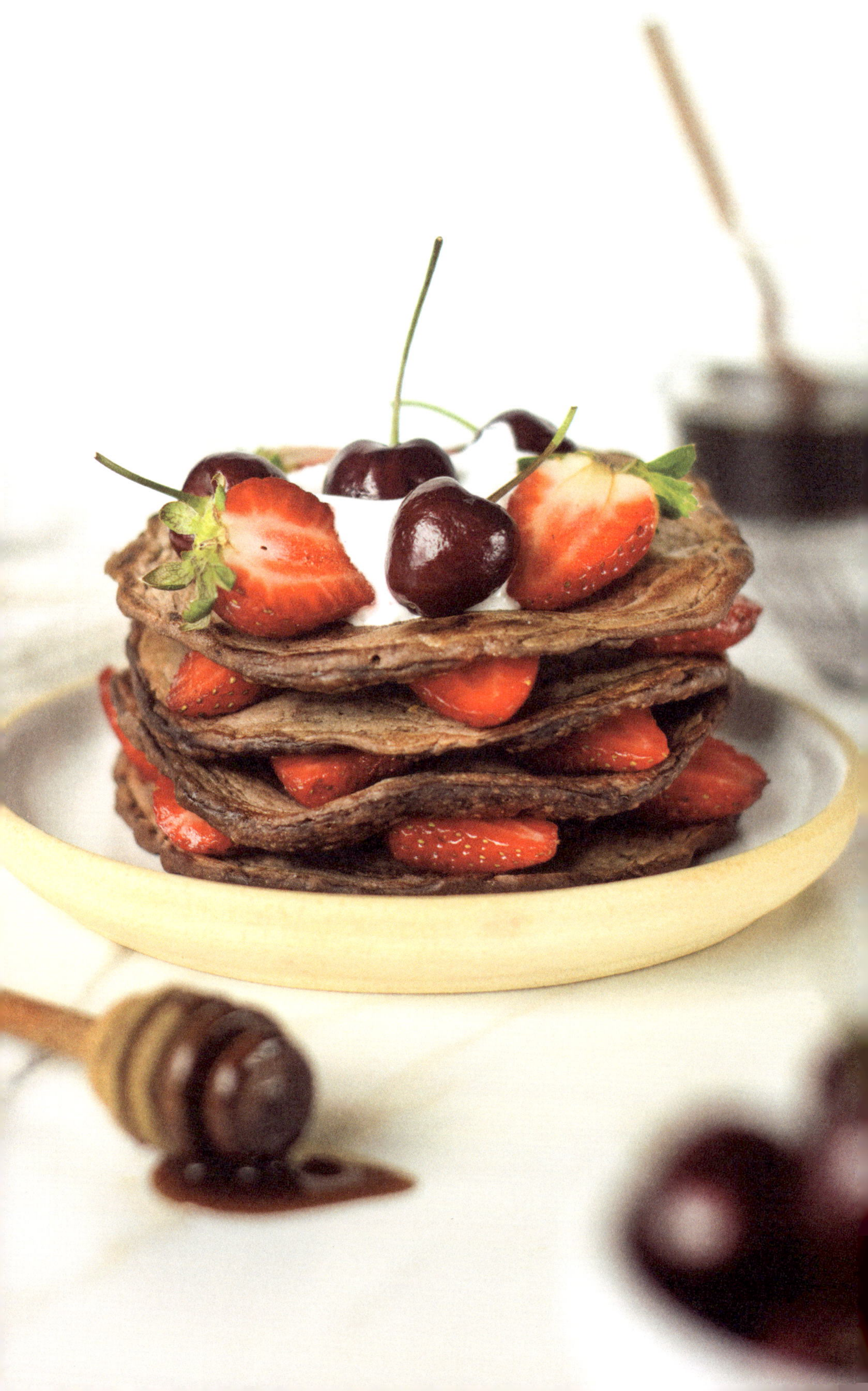

MOUSSE DE LIMÃO

Ingredientes:

- Suco de 4 limões
- 1 xícara de açúcar
- 2 xícaras de castanhas-de-caju cruas e demolhadas (deixe-as de molho por pelo menos 6 horas)
- 1 xícara de água
- Raspinhas de limão para finalizar

Modo de preparo:

Bata todos os ingredientes no liquidificador, passe para copinhos e finalize com raspas de limão.

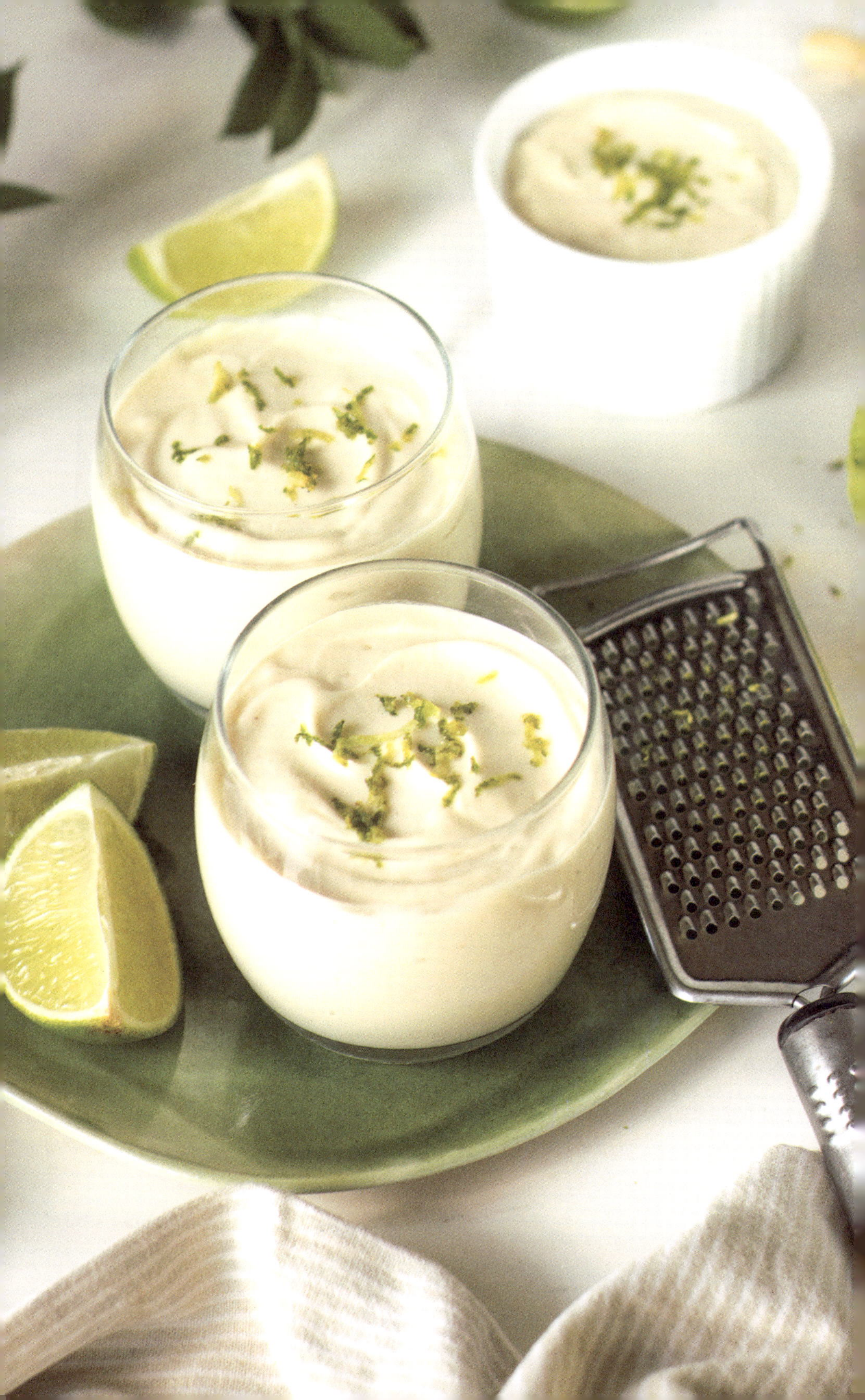

BOLO DE FUBÁ

Ingredientes:

- 2 xícaras de fubá
- ⅔ de xícara de óleo
- 1 xícara de açúcar comum
- Goiabada (opcional)
- 1 colher de sopa de fermento químico
- 1 colher de chá de bicarbonato de sódio
- 2 colheres de chá de vinagre de maçã
- 2 xícaras de água

Modo de preparo:

Bata no liquidificador, em velocidade alta, o óleo e a água durante 2 minutos. Essa mistura ficará bem branquinha e espumosa. Ainda no liquidificador, adicione o açúcar e o fubá, e bata por mais 2 minutos. Adicione o fermento, o bicarbonato, o vinagre (essencial para não amargar o bolo) e misture com delicadeza.

Coloque a mistura em uma forma untada com óleo e fubá, e decore com cubinhos de goiabada por cima. Asse no forno preaquecido a 180 °C por cerca de 45 minutos ou até espetar um palito e ele sair limpo.

Importante: nunca abra o forno antes dos primeiros 30 minutos – na realidade, você deve evitar abrir o forno mesmo depois desse tempo. Espere esfriar e desenforme.

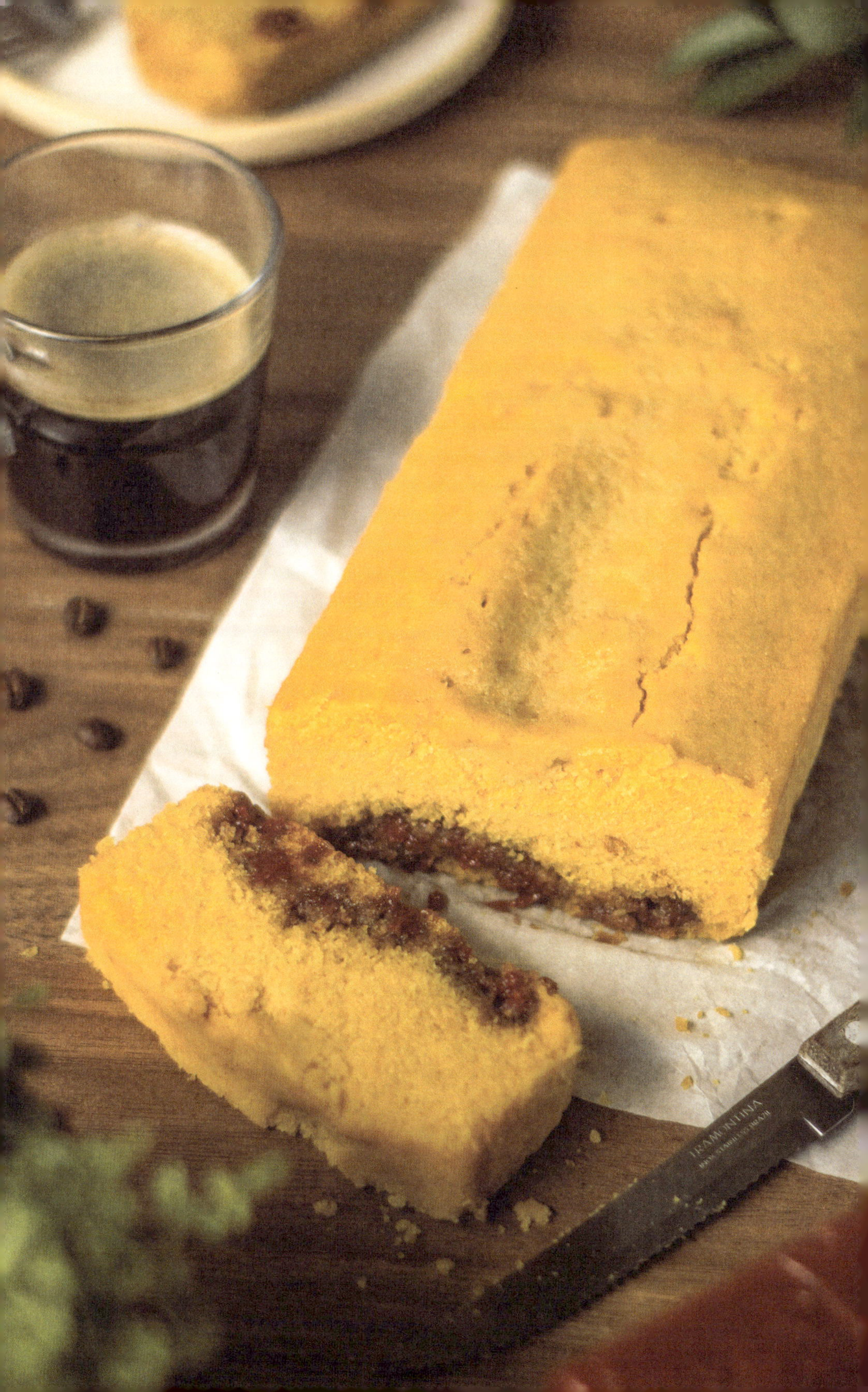
TRAMONTINA

BRIGADEIRO DE ABACAXI

Ingredientes:

- 1 abacaxi descascado
- ⅓ de xícara de coco ralado (opcional)
- Óleo de coco (para untar as mãos caso queira enrolar)

Modo de preparo:

Bata o abacaxi cortado em cubinhos no liquidificador, sem adicionar água, até que ele fique bem lisinho, e transfira esse líquido para uma panela grande. Mexa em fogo alto até reduzir ao ponto de brigadeiro (cerca de 20 minutos). Misture o coco ralado (opcional) e deixe esfriar na geladeira. Se quiser, unte as mãos com óleo de coco e enrole em formato de brigadeiro. Finalize com mais coco ralado por cima (opcional).

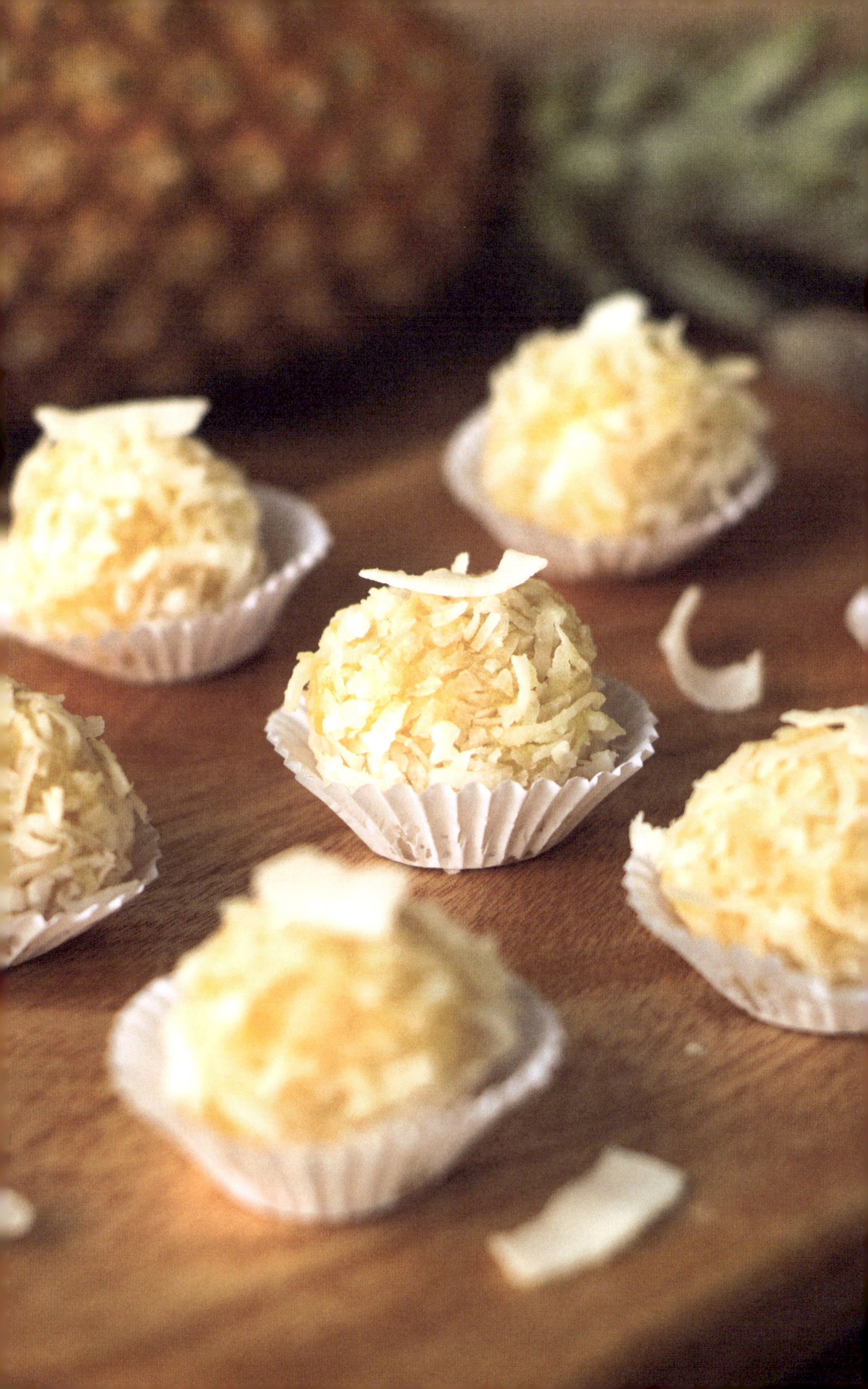

ARROZ-DOCE

Ingredientes:

- 1 xícara de arroz branco cru
- 200 ml de leite de coco industrializado ou caseiro
- 500 ml de qualquer leite vegetal
- Canela em pó a gosto
- 1 xícara de açúcar
- Essência de baunilha a gosto
- 2 xícaras e ½ de água

Modo de preparo:

Coloque na panela o arroz com a água e deixe cozinhar em fogo médio até secar. Adicione o leite de coco e o leite vegetal, e adicione o açúcar. Mexa bem e deixe o leite começar a ferver em fogo médio. Continue mexendo de vez em quando até o arroz absorver o leite e ficar bem cremoso. Sirva com canela em pó.

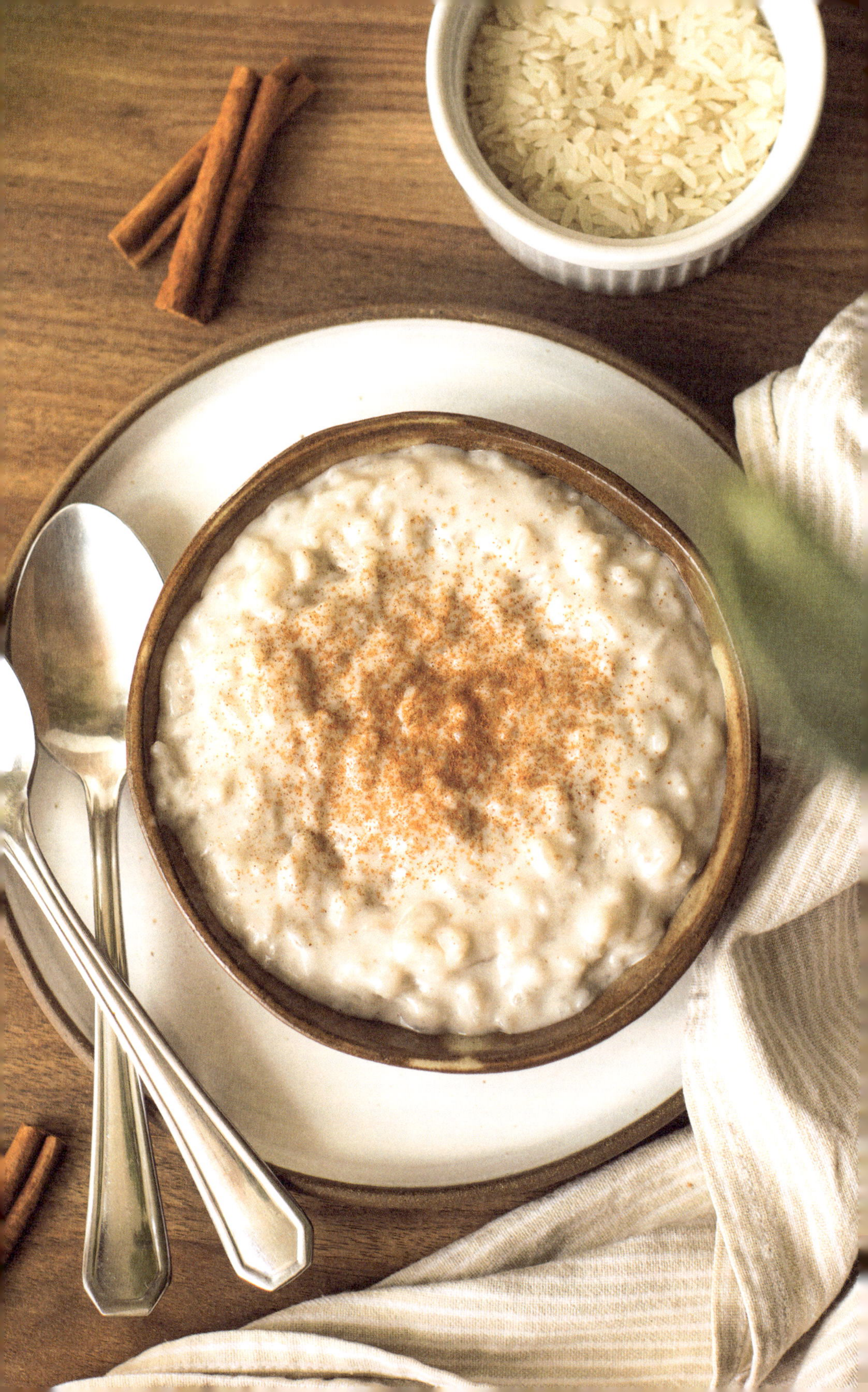

#11

AGORA QUE SOU VEGANO, JOGO TUDO FORA?

A dúvida sobre se devemos ou não nos desapegar daqueles produtos que não são veganos passa pela mente de qualquer um que resolve traçar esse caminho. O que fazer com aquela bolsa de couro que você tem há cinco anos? E todas aquelas maquiagens que já foram testadas em animais?

Nesse caso, podemos olhar por duas óticas. A primeira é a racional. Nós sabemos que aquele produto envolveu crueldade, no entanto, se livrar dele não vai salvar nenhum bichinho. Eu penso que o estrago já foi feito, sabe? Infelizmente, a maioria de nós não nasceu vegano.

A minha cadelinha Judith é um exemplo disso. Para quem não sabe, eu tenho uma bulldog francesa. Sim, a Larica Vegana tem um cachorro de raça, e isso rende muitos comentários nas minhas redes sociais. Já li muito "Como pode se dizer a favor dos animais e ter um cachorro comprado?". A verdade é que ganhei a Judith de presente dos meus pais quando eu tinha 16 anos. Nessa época, eu e minha família estávamos muito distantes de qualquer discussão com relação aos direitos dos animais. Meu despertar e, consequentemente, o dos meus pais vieram só um ano depois.

O veganismo chegou, mas a Judith e aquela maleta enorme de maquiagens testadas em animais estão aqui. No caso da minha cachorrinha, foi muito claro para mim usar o meu lado racional. Afinal, no momento da escolha não éramos veganos. Obviamente, a Judith merece todo cuidado, e eu continuar com ela não me torna menos vegana. No caso da maquiagem, isso também acontece. Você pode ficar com suas coisinhas, usar elas até acabar. Racionalmente, não tem problema nenhum. Acontece que, no caso da maquiagem, eu não consegui fazer isso – aí entramos na parte emocional da coisa –, pois usar aqueles produtos já não me fazia bem, tanto que um momento de prazer e autocuidado se transformou em um momento de culpa e desconforto. Por isso, decidi que doaria aquelas maquiagens e começaria uma nova coleção vegana. Algumas *makes* antigas andam perdidas pelas minhas coisas, de vez em quando eu encontro alguma delas, uso um pouco e sem peso. A maior parte foi embora, mas eu já aprendi a racionalizar quando a culpa chega sem motivo.

O meu conselho para você é que essa escolha é muito mais sobre você do que sobre um impacto externo. Afinal, já concordamos aqui que o estrago já foi feito, então, a resposta ao que você deve ou não doar ao se tornar vegano está dentro de si mesmo. Comece a observar quais sentimentos aqueles objetos trazem a você e faça uma escolha que respeite sua consciência e que seja livre de cobranças desnecessárias.

#12

FAMÍLIA, ROMANCE E AMIGOS

Para mim, não tem como falar da parte prática de ser vegano sem conversar sobre questões afetivas. Eu poderia vir aqui e falar que "ser vegano só depende de você", mas pareceria aqueles *coaches* sem recorte nenhum da realidade. A verdade é que o meio, as pessoas com quem você convive e o apoio delas são muito importantes. Não vamos entrar aqui no extremo e achar que, para ser vegano, você tem que nascer em uma família vegana. Se assim fosse, a maior parte dos veganos que admiramos não teria se tornado – aliás, eu mesma não seria vegana.

O meio influencia muito, e faz toda diferença ter o apoio e o incentivo daqueles que estão à nossa volta. Quando moramos com outras pessoas, qualquer posicionamento que influencie o consumo coletivo da família pode causar atrito. É muito comum que adolescentes, por exemplo, queiram se tornar veganos, e muitas vezes a responsável pelas compras da casa e alimentação desses adolescentes é a mãe. Então, se essa mãe não apoiar o filho, a jornada dele se tornará mais difícil.

Não podemos nos esquecer de que nós, como indivíduos, também influenciamos o meio. Vou contar a minha história porque minha família me enche de orgulho. Naturalmente, quando inventei de parar de comer carne, minha família estranhou, e as preocupações com a minha saúde e os comentários com percepções precipitadas começaram, mas acredito que isso seja parte do processo. De fato, é chato quando você se dá conta de toda injustiça por trás desse consumo, toma uma decisão e não enxerga o apoio imediato de quem ama. No entanto, eu não consigo parar de pensar que nós mesmos já nos fizemos essas perguntas, em algum momento. O questionamento é o primeiro passo para a desconstrução, porque, quando alguém responde a sua dúvida, você aprende e muda.

Infelizmente, sabemos que nem todo mundo é assim. Tem gente que se recusa a ouvir o outro. Não foi o caso dos meus pais, eles fizeram mais do que ouvir: incentivaram mesmo quando não conseguiam/queriam fazer o mesmo. De repente, eu via meu pai enchendo o peito para falar "minha filha é vegana" e minha mãe comentando "aprendo muito com você" nos meus posts. Isso me deu força para mostrar cada vez mais sobre o meu mundo para eles, pois percebi que aquele era um lugar seguro para eu me abrir e ensinar um pouco do que venho aprendendo.

Foram muitas conversas, algumas tranquilas, outras mais calorosas (eu sou assim, 8 ou 80), porém o que sinto que mais mexeu com os meus pais não foi o meu discurso, e sim o meu exemplo. Meu pai sempre gostou de cozinhar (ele cozinha muito bem) e, para ele, perder o prazer de fazer e saborear um bom prato nunca pareceu uma escolha, mas, aos poucos, ele foi vendo como o mundo de vegetais era rico – ele fazia comida "normal" e uma opção vegana para mim.

Aos poucos, minha casa se tornou um lugar em que a exceção é aqueles que comem carne. Hoje, quem de vez em quando pede uma outra opção é o meu irmão mais velho, o único que não é vegetariano. Não consigo deixar de pensar que foi nos sabores surpreendentes da cozinha à base de plantas que meu pai encontrou sua verdadeira culinária, tanto que hoje ele cozinha muito melhor do que quando não era vegano, pois finalmente a comida dele reflete aquilo em que acredita de verdade.

Eu tenho observado muito o meu pai, uma vez que nunca o tinha imaginado se rotulando como vegano. Eu já era vegana havia três anos quando ele decidiu embarcar nessa comigo. Minha mãe já tinha parado a carne vermelha havia muito tempo, meu pai parecia irredutível a isso. Sempre o vi como um vegano racional, pois suas justificativas passavam por questões políticas, socioambientais e de saúde (ele é médico, então isso conta muito). De repente, durante um jantar em família, meu pai chora e me diz: "Filha, finalmente eu enxerguei eles". Eu toda confusa, já achando que meu pai estava meio doido, perguntei: "Eles quem, pai?". E ele disse: "Os animais, filha! Eu, finalmente enxerguei quem eles são. Eles sentem, e eu sei".

Eu chamo esse momento que meu pai viveu de "a conexão". Ele acontece quando em algum lugar, no campo dos sentimentos, você se conecta com os animais de uma forma diferente da que nos foi ensinada. Você o sente, o admira, o enxerga e o respeita; e, quando isso acontece, é muito mais difícil a pessoa desistir do veganismo. Não estou dizendo que todos os veganos são ou precisam se conectar dessa forma com os animais, mas, quando isso acontece, é como se não tivesse mais volta.

Meu irmão também foi um caso curioso, acho que você vai gostar de saber a história dele. Quando criamos o canal juntos, ele ainda não era vegano. Nós já tínhamos recebido nosso diagnóstico de doença celíaca, uma doença autoimune que nos impede de comer alimentos com glúten ou contaminados por ele. Ser vegano, além de representar mais uma restrição alimentar, não combinava com a personalidade do Tito, que sempre foi uma pessoa aberta e desconstruída, mas que nunca se conectou muito com as causas ambientais. Inclusive, eu não sentia muita conexão nem entre o meu irmão e os animais de estimação, pois, diferente de mim, ele nunca foi muito apegado aos nossos bichinhos e sempre teve um posicionamento muito claro sobre não querer ter cachorros ou gatos.

Nós já morávamos juntos e éramos donos de um dos maiores canais de veganismo no país quando acordei e vi uma sacola de alimentos não veganos prontos para serem doados na cozinha da nossa casa. Na hora, veio um *flashback* do fim de semana. Percebi que o Tito tinha entrado em uma espécie de maratona vegana quando o escutei assistindo ao documentário *Terráqueos*. Eu pensei: *Putz, agora o Tito vai ver a verdade*. Só que eu achei que aquilo tudo estava sendo visto por ele como parte do seu trabalho. Na segunda-feira, olhando para aquela sacola, eu percebi que, naquele fim de semana, o Tito tinha feito "a conexão".

Já a minha mãe está no processo; ela se tornou ovolactovegetariana e, lá na casa deles, quase tudo é vegano. O que mais enche meu coração é ver que minha mãe normalmente demonstra mais a sua conexão emocional do que racional com a causa. A Luciana (pode chamar de Tia Lu) sempre foi uma pessoa sentimental. Minha mãe não tem uma conversa profunda sequer sem encher os olhos de lágrimas, e isso ela me ensinou direitinho (eu choro muito). Sempre a vejo comovida por alguma cena que viu, uma notícia triste ou quando ela percebe o quanto é injusto o que acontece com os animais.

Aos poucos, minha família se transformou. Isso me orgulha muito, porque eu já sabia do meu potencial de influenciar na internet as pessoas a se tornarem veganas, mas nunca imaginei minha família veganizar. Como eu disse, não foram muitas palestras que dei a eles. Foi no dia a dia que eles viram como eu estava saudável, como minhas comidas eram deliciosas, viram que as outras pessoas me admiravam pela minha escolha e, o mais importante: eles me viram feliz.

Eu tenho um vídeo chamado "Meus pais não aceitam meu veganismo", no qual peço para conversar com os pais dos meus inscritos mais novos. Esse vídeo foi uma maneira mais prática que achei de ajudar a grande quantidade de adolescentes que vinha me procurar por estar enfrentando pressão da família ao decidir se tornar vegana. Tento abordar um pouco sobre cada insegurança que normalmente as famílias têm nesse tipo de situação e tranquilizar os pais com relação a elas. Nesse mesmo episódio, eu oriento esses adolescentes a buscarem mais autonomia e participação nos processos do lar. Uma das minhas falas é: "Vá ao supermercado junto aos seus pais, ensine a eles quais alimentos do dia a dia da família já são veganos, como fazer pequenas adaptações. Aprenda a cozinhar e ajude o cozinheiro da família. Assista a filmes e vídeos sobre veganismo com eles". É muito comum que mães venham me contar que começaram a assistir ao meu canal com seus filhos e acabaram se tornando veganas também. Um dos depoimentos que mais me tocaram durante a minha (breve – *rs*) carreira foi o de uma mãe que me disse: "Meu filho, do dia para noite, se tornou vegano. Eu dava carne para ele, e ele chorava, passava mal. Comecei a ver o seu canal, e você me ensinou a cozinhar para o meu filho de novo. Muito obrigada por isso".

Todos nós sabemos que, quando se trata de família, sempre vão existir discordâncias, porém, o importante é você exigir respeito e ir atrás da sua autonomia. Quando se trata de relacionamentos românticos, parece que fica ainda mais difícil lidar com as diferenças. Sempre recebo relatos de mulheres que são constantemente ridicularizadas por seus parceiros por não comerem carne. Eu já vi de perto amigas sofrendo pressão para comer carne na casa do namorado, e isso é uma violência em vários níveis. Sempre que desconsideram sua capacidade de escolher por si e de lutar pelo que acredita, você se sente violentada.

Eu, particularmente, nunca namorei uma pessoa vegana. Já namorei pessoas ovolactovegetarianas, mas veganas não. Inclusive, o meu namorado atual come carne. Alguns veganos não namoram pessoas que comem carne, OK, cada um escolhe o que é importante para si na personalidade do seu parceiro. Apesar de o meu namorado não ser vegano, ele me admira muito por eu ser vegana. Me lembro de que uma das primeiras coisas que ele me disse foi: "Eu amo as suas receitas". Ele não cansa de me ouvir falar sobre o assunto, é completamente obcecado pela minha comida, trabalha com a gente no canal e ingere alimentos veganos praticamente todos os dias. Acontece que ele quase mora comigo (ele fica a maior parte do tempo aqui em casa), e na minha casa não entra carne. Sempre que está aqui, ele come feliz da vida. Não precisamos buscar parceiros que necessariamente são iguais a nós, mas eles precisam respeitar a nossa individualidade e tudo aquilo que achamos importante. Então, não aceite menos que isso.

Bom, só faltou eu falar sobre as amizades, essa rede de apoio tão importante que não carrega certos pesos que algumas relações familiares e românticas têm. Amigos são a família que escolhemos. Podemos sempre manter amizades que já temos e, ao mesmo tempo, sair em busca de conhecer novas pessoas. Eu tenho um grupo de amigos veganos, mas na maioria dos meus outros grupos de amigos não há nenhum vegano além de mim. Estou sempre com um pouquinho de cada, sabe? Sem os meus amigos, mesmo aqueles que não são veganos, eu não teria chegado até aqui. Eles laricaram muita comida minha, comentaram em muitas fotos, participaram dos meus vídeos, alguns deles vieram trabalhar comigo, e todos sempre me apoiaram. No final, eles acreditaram no meu sonho mesmo não sendo o mesmo sonho deles.

Depois de dizer tudo isso, meu conselho para você é o seguinte: busque isso em suas relações, pois o mais importante é estar feliz com a sua escolha e, aos poucos, ir buscando mais pessoas com quem você se identifica.

#13

MEU ÚLTIMO CONSELHO

No último capítulo do meu livro, falarei sobre inícios. Carl Jung, médico e pensador suíço, considerado o pai da psicologia analítica, disse: "A criação de algo novo é consumada pelo intelecto, mas despertada pelo instinto de uma necessidade pessoal. A mente criativa age sobre algo que ela ama".* É dessa forma que vejo o veganismo entrar em nossas vidas. Aquele instinto de que algo está errado, que é alimentado pelo conhecimento e se materializa.

Começos são difíceis, tomados por dúvidas e incertezas. Só o tempo é capaz de trazer segurança e de fazer com que o desconhecido se torne familiar. Ao me tornar vegana, me lembro de todo esforço necessário para deixar de comer carne. Hoje, o que era diferente se tornou o meu habitual, e agora fico imaginando o quão trabalhoso seria eu voltar a comer carne. Ser vegana é o meu normal, o difícil seria não ser.

Isso pode acontecer com você. Eu sei que o caminho é complicado, cheio de erros e acertos, mas ele fica cada vez mais fácil. Não tenha medo de falhar, pois falhar faz parte do processo. Adaptações requerem tempo, por isso, respeite o seu. Não se cobre para ser ágil; ou seja, faça uma mudança consistente e realista, com base no seu contexto de vida.

O mais importante é começar do jeito que dá, e existem várias formas de fazer isso. A mais clássica é a transição pelo ovolactovegetarianismo, que eu vejo como uma etapa importante até o veganismo, mas não é suficiente para combater a exploração animal. Existe também a famosa "segunda sem carne", que propõe que uma vez por semana a população exclua carne, ovos, leite e derivados de seu cardápio.

---

* JUNG, Carl. *Tipos psicológicos*, v. 6. Trad. Lúcia Mathilde Endlich. Petrópolis: Vozes, 2015. (Coleção Obra Completa.)

Também existem aqueles que em seus lares conseguem ter um maior controle sobre sua alimentação. Só você saberá quais das opções vão te permitir iniciar o seu trajeto rumo ao veganismo.

    Se você leu até aqui, já sabe muito mais do que eu sabia quando iniciei no movimento vegano, pois entramos em algumas discussões importantes sobre especismo e seus desenrolares. A partir daqui, é você quem vai dar os próximos passos. Meu último conselho para você é: comece, do jeito que dá, agora.

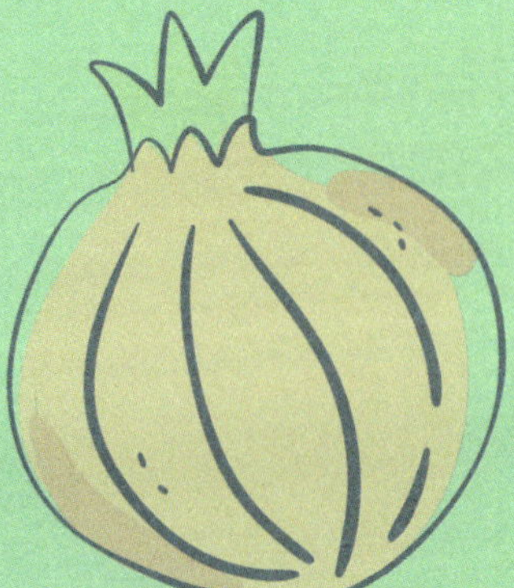

REFERÊNCIAS, INSPIRAÇÕES E CONTEÚDO CONFIÁVEL

Quando uma pessoa se torna vegana, todos os âmbitos da sua vida sofrem transformações, ou seja, sempre que envolver consumo, deverá haver adaptação a esse novo modo de viver. É muito difícil trilhar esse caminho sozinha, por isso, é importante conhecer aqueles que já estão nessa jornada há mais tempo. Hoje em dia, com as redes sociais, temos acesso a isso muito facilmente.

Ao decidir me tornar vegana, baseei a minha busca por informação em assistir a documentários, seguir perfis veganos nas redes sociais e ler livros. Vou compartilhar com você a seguir alguns dos perfis, documentários e livros que mais me ajudaram.

PROFISSIONAIS DA SAÚDE

@drericslywitch (Instagram)

Eric Slywitch é doutor e mestre em Nutrição pela Universidade Federal de São Paulo (Unifesp). É uma das maiores vozes na nutrologia vegetariana no Brasil. Em suas redes, ele desmistifica mitos acerca da alimentação à base de plantas.

@aleluglio (Instagram)

Alessandra Luglio é nutricionista graduada pela Universidade de São Paulo (USP) e usa suas redes sociais para compartilhar receitas, dicas, informação nutricional e o seu ativismo pela causa animal.

@nutri.mariacappelli (Instagram)

Maria Eugênia Cappelli é a minha nutricionista, especializada em vegetarianismo e ayurveda. Em seus posts, desmistifica alguns dos tabus relacionados à alimentação vegana e também compartilha receitas e está sempre disponível para responder às dúvidas de seus seguidores.

POLÍTICA ANTIESPECISTA

@vegetalvermelho (Instagram)

C. C. Coelho é doutor em Filosofia e professor da Universidade do Estado do Rio de Janeiro (UERJ). Usa suas redes para debater o viés político do veganismo. Foca suas análises em como o capitalismo impacta diretamente o bem-estar social e animal.

@outrasmamaspodcast (Instagram)

O *Outras Mamas* é o primeiro podcast vegano feminista do nosso país. Em seus episódios, elas discutem sobre diversas pautas sociais, sempre trazendo a lente desses dois movimentos para dentro da conversa.

@veganovitor (Instagram)

Vegano Vitor é ativista pelo veganismo popular. Em seus posts, apresenta uma visão antielitista do movimento, além de trazer receitas deliciosas.

@veganoperiferico (Instagram)

Os responsáveis pela página *Vegano da Periferia* lutam para que o veganismo seja uma causa acessível a todos. Para eles, não deveria importar onde você mora, e sim como você pensa.

@thallitaxavier

Thallita Flor te mostra como a alimentação vegana pode ser complexa em sabores e simples no preparo. Suas receitas se misturam com conteúdo político sobre a luta antiespecista e mostram como o veganismo acessível pode se materializar na vida dos brasileiros.

RECEITAS

@luisa_motta (Instagram) e Larica Vegana (YouTube)

Nesse caso, eu mesma. Crio conteúdo sobre todos os âmbitos do veganismo. Falo um pouco sobre cuidados pessoais e política, mas o meu foco são as receitas veganas.

@titomotta (Instagram)

Tito Motta é meu irmão e o outro integrante do Larica Vegana. Expert em veganismo preguiçoso, ele ensina como cozinhar vegano livre de frescura e com muita praticidade.

@vegcomcarinho (Instagram)

A Laura compartilha suas receitas deliciosas e veganas, e sua especialidade é a confeitaria. Ela te ensina que doces à base de plantas são ainda melhores que os tradicionais. E é quem tirou as fotos deste livro!

@roledevegano (Instagram)

O Leo une técnica e criatividade em seus preparos à base de plantas, mostrando que não existem barreiras para a cozinha vegetal.

REFERÊNCIAS, INSPIRAÇÕES E CONTEÚDO CONFIÁVEL

@samantaluz (Instagram)

A Samanta Luz é chef vegana e professora de culinária. Suas receitas ganham atenção pela simplicidade dos preparos.

@tnmvegg (Instagram) e Tá na mesa vegg (YouTube)

Na página *Tá na mesa veg*, a Maria Antônia e a Flavia mostram que tudo pode ser veganizável e suas receitas fazem parte do repertório de comidas afetivas dos brasileiros.

@carla.candace (Instagram)

Carla te ensina a comer bem, de forma acessível, intuitiva e livre de crueldade animal, e tudo isso por meio de receitas simples, que valorizam a culinária brasileira.

BELEZA E CUIDADOS COM A PELE

@monadermavegan (Instagram)

A Monalisa é médica dermatologista vegana e CEO da Clínica Derma Vegan, a primeira clínica multiprofissional especializada no público vegano do Brasil. Em seu perfil, ela ensina como é possível tratar e cuidar da sua pele sem abrir mão do veganismo.

@ariveganbeauty (Instagram) e arivegan.com (site)

A Ariane é famosa por criar listas confiáveis de marcas que realmente são veganas. Muitas empresas afirmam não testar em animais, mas praticam os testes. A Ari expõe esses casos e traz visibilidade para produtos livres de crueldade animal.

REFERÊNCIAS, INSPIRAÇÕES E CONTEÚDO CONFIÁVEL

DOCUMENTÁRIOS

Terráqueos **(YouTube)**

Lançado em 2005, esse documentário escancara toda a exploração animal envolvida na indústria alimentícia, farmacêutica e da moda. Dirigido e produzido pelo ambientalista estadunidense Shaun Monson, é um filme chocante, que foi responsável por incentivar muitos em sua escolha de se tornarem veganos.

Cowspiracy **(Netflix)**

Lançado em 2014, dirigido por Kip Andersen e Keegan Kuhn, foca os impactos da agropecuária e mostra como o consumo de carne e derivados do leite impacta diretamente o meio ambiente. Além disso, também evidencia como a indústria e a política trabalham alinhadas com algumas organizações não governamentais ambientalistas para esconder a verdade.

Seaspiracy **(Netflix)**

É um documentário de 2021 sobre os impactos da indústria da pesca, dirigido e estrelado pelo cineasta britânico Ali Tabrizi. Ele apresenta todos os argumentos para desconstruir a visão romantizada que temos sobre o consumo de animais marinhos, além de escancarar como os grupos ambientalistas protegem essa indústria.

***Dieta dos gladiadores* (Netflix)**

É um documentário que aborda a nutrição esportiva por uma perspectiva vegetariana. Nele, acompanhamos James Wilks, treinador de elite de forças militares especiais e vencedor do *The Ultimate Fighter*, em sua jornada em busca da dieta ideal.

***Vegano periférico* (YouTube)**

O documentário é curto e mostra o veganismo a partir da perspectiva de Leonardo e Eduardo, dois irmãos ativistas da periferia de Campinas (São Paulo) e responsáveis pela página @veganoperiférico. O objetivo é apresentar o viés popular e acessível do movimento.

LIVROS

A política sexual da carne

A autora Carol J. Adams nos mostra como o ato de comer carne está relacionado ao patriarcado e à dominância masculina. Além disso, o livro mostra como a causa feminista também deve fazer parte do veganismo.

Diário de uma vegana

A autora Alana Rox nos passa mais de 70 receitas, incluindo produtos de higiene e limpeza do lar, refeições e doces veganos. É um verdadeiro dicionário de receitas à base de plantas.

**Acreditamos
nos livros**

Este livro foi composto em Roboto Serif
e Source Sans Pro e impresso pela Geográfica
para a Editora Planeta do Brasil em abril de 2022.